BIRMANO
VOCABULARIO

PALABRAS MÁS USADAS

ESPAÑOL-
BIRMANO

Las palabras más útiles
Para expandir su vocabulario y refinar
sus habilidades lingüísticas

3000 palabras

Vocabulario Español-Birmano - 3000 palabras más usadas
por Andrey Taranov

Los vocabularios de T&P Books buscan ayudar en el aprendizaje, la memorización y la revisión de palabras de idiomas extranjeros. El diccionario se divide por temas, cubriendo toda la esfera de las actividades cotidianas, de negocios, ciencias, cultura, etc.

El proceso de aprendizaje de palabras utilizando los diccionarios temáticos de T&P Books le proporcionará a usted las siguientes ventajas:

- La información del idioma secundario está organizada claramente y predetermina el éxito para las etapas subsiguientes en la memorización de palabras.
- Las palabras derivadas de la misma raíz se agrupan, lo cual permite la memorización de grupos de palabras en vez de palabras aisladas.
- Las unidades pequeñas de palabras facilitan el proceso de reconocimiento de enlaces de asociación que se necesitan para la cohesión del vocabulario.
- De este modo, se puede estimar el número de palabras aprendidas y así también el nivel de conocimiento del idioma.

T&P Books Publishing
www.tpbooks.com

ISBN: 978-1-83955-067-6

Este libro está disponible en formato electrónico o de E-Book también.
Visite www.tpbooks.com o las librerías electrónicas más destacadas en la Red.

VOCABULARIO BIRMANO
palabras más usadas

Los vocabularios de T&P Books buscan ayudar al aprendiz a aprender, memorizar y repasar palabras de idiomas extranjeros. Los vocabularios contienen más de 3000 palabras comúnmente usadas y organizadas de manera temática.

- El vocabulario contiene las palabras corrientes más usadas.
- Se recomienda como ayuda adicional a cualquier curso de idiomas.
- Capta las necesidades de aprendices de nivel principiante y avanzado.
- Es conveniente para uso cotidiano, prácticas de revisión y actividades de auto-evaluación.
- Facilita la evaluación del vocabulario.

Aspectos claves del vocabulario

- Las palabras se organizan según el significado, no según el orden alfabético.
- Las palabras se presentan en tres columnas para facilitar los procesos de repaso y auto-evaluación.
- Los grupos de palabras se dividen en pequeñas secciones para facilitar el proceso de aprendizaje.
- El vocabulario ofrece una transcripción sencilla y conveniente de cada palabra extranjera.

El vocabulario contiene 101 temas que incluyen lo siguiente:

Conceptos básicos, números, colores, meses, estaciones, unidades de medidas, ropa y accesorios, comida y nutrición, restaurantes, familia nuclear, familia extendida, características de personalidad, sentimientos, emociones, enfermedades, la ciudad y el pueblo, exploración del paisaje, compras, finanzas, la casa, el hogar, la oficina, el trabajo en oficina, importación y exportación, promociones, búsqueda de trabajo, deportes, educación, computación, la red, herramientas, la naturaleza, los países, las nacionalidades y más ...

TABLA DE CONTENIDO

GUÍA DE PRONUNCIACIÓN

El sistema de transcripción 'The Myanmar Language Commission Transcription System' (MLCTS) se utiliza como una transcripción en este libro.
Una descripción de este sistema se puede encontrar aquí:
https://en.wiktionary.org/wiki/Wiktionary:Burmese_transliteration
https://en.wikipedia.org/wiki/MLC_Transcription_System

ABREVIATURAS
usadas en el vocabulario

Abreviatura en español

adj	-	adjetivo
adv	-	adverbio
anim.	-	animado
conj	-	conjunción
etc.	-	etcétera
f	-	sustantivo femenino
f pl	-	femenino plural
fam.	-	uso familiar
fem.	-	femenino
form.	-	uso formal
inanim.	-	inanimado
innum.	-	innumerable
m	-	sustantivo masculino
m pl	-	masculino plural
m, f	-	masculino, femenino
masc.	-	masculino
mat	-	matemáticas
mil.	-	militar
num.	-	numerable
p.ej.	-	por ejemplo
pl	-	plural
pron	-	pronombre
sg	-	singular
v aux	-	verbo auxiliar
vi	-	verbo intransitivo
vi, vt	-	verbo intransitivo, verbo transitivo
vr	-	verbo reflexivo
vt	-	verbo transitivo

CONCEPTOS BÁSICOS

1. Los pronombres

yo	ကျွန်ုပ်	kjunou'
tú	သင်	thin
él	သူ	thu
ella	သူမ	thu ma.
ello	၎င်း	jin:
nosotros, -as	ကျွန်ုပ်တို့	kjunou' tou.
vosotros, -as	သင်တို့	thin dou.
Usted	သင်	thin
Ustedes	သင်တို့	thin dou.
ellos	သူတို့	thu dou.
ellas	သူမတို့	thu ma. dou.

2. Saludos. Salutaciones

¡Hola! (fam.)	မင်္ဂလာပါ	min ga. la ba
¡Hola! (form.)	မင်္ဂလာပါ	min ga. la ba
¡Buenos días!	မင်္ဂလာနံနက်ခင်းပါ	min ga. la nan ne' gin: ba
¡Buenas tardes!	မင်္ဂလာနေ့လယ်ခင်းပါ	min ga. la nei. le gin: ba
¡Buenas noches!	မင်္ဂလာညနေခင်းပါ	min ga. la nja nei gin: ba
decir hola	နှုတ်ဆက်သည်	hnou' hsei' te
¡Hola! (a un amigo)	ဟိုင်း	hain:
saludo (m)	ဟလို	ha. lou
saludar (vt)	နှုတ်ဆက်သည်	hnou' hsei' te
¿Cómo estáis?	နေကောင်းပါသလား	nei gaun: ba dha la:
¿Cómo estás?	အဆင်ပြေလား	ahsin bjei la:
¿Qué hay de nuevo?	ဘာထူးသေးလဲ	ba du: dei: le:
¡Chau! ¡Adiós!	နောက်မှတွေ့ကြမယ်	nau' hma. dwei. gja. me
¡Hasta la vista! (form.)	ဂွတ်ဘိုင်	gu' bain
¡Hasta la vista! (fam.)	တာ့တာ	ta. da
¡Hasta pronto!	မကြာခင်ပြန်ဆုံကြမယ်	ma gja. gin bjan zoun gja. me
¡Adiós!	နှုတ်ဆက်ပါတယ်	hnou' hsei' pa de
despedirse (vr)	နှုတ်ဆက်သည်	hnou' hsei' te
¡Hasta luego!	တာ့တာ	ta. da
¡Gracias!	ကျေးဇူးတင်ပါတယ်	kjei: zu: din ba de
¡Muchas gracias!	ကျေးဇူးအများကြီးတင်ပါတယ်	kjei: zu: amja: kji: din ba de
De nada	ရပါတယ်	ja. ba de
No hay de qué	ကိစ္စမရှိပါဘူး	kei. sa ma. shi. ba bu:
De nada	ရပါတယ်	ja. ba de

¡Disculpa!	ဆောရီးနော်	hso: ji: no:
¡Disculpe!	တောင်းပန်ပါတယ်	thaun: ban ba de
disculpar (vt)	ခွင့်လွှတ်သည်	khwin. hlu' te
disculparse (vr)	တောင်းပန်သည်	thaun: ban de
Mis disculpas	တောင်းပန်ပါတယ်	thaun: ban ba de
¡Perdóneme!	ခွင့်လွှတ်ပါ	khwin. hlu' pa
perdonar (vt)	ခွင့်လွှတ်သည်	khwin. hlu' te
¡No pasa nada!	ကိစ္စမရှိပါဘူး	kei. sa ma. shi. ba bu:
por favor	ကျေးဇူးပြု၍	kjei: zu: pju. i.
¡No se le olvide!	မမေ့ပါနဲ့	ma. mei. ba ne.
¡Ciertamente!	ရတာပေါ့	ja. da bo.
¡Claro que no!	မဟုတ်တာသေချာတယ်	ma hou' ta dhei gja de
¡De acuerdo!	သဘောတူတယ်	dhabo: tu de
¡Basta!	တော်ပြီ	to bji

3. Las preguntas

¿Quién?	ဘယ်သူလဲ	be dhu le:
¿Qué?	ဘာလဲ	ba le:
¿Dónde?	ဘယ်မှာလဲ	be hma le:
¿Adónde?	ဘယ်ကိုလဲ	be gou le:
¿De dónde?	ဘယ်ကလဲ	be ga. le:
¿Cuándo?	ဘယ်တော့လဲ	be do. le:
¿Para qué?	ဘာအတွက်လဲ	ba atwe' le:
¿Por qué?	ဘာကြောင့်လဲ	ba gjaun. le:
¿Por qué razón?	ဘာအတွက်လဲ	ba atwe' le:
¿Cómo?	ဘယ်လိုလဲ	be lau le:
¿Qué ...? (~ color)	ဘယ်လိုမျိုးလဲ	be lau mjou: le:
¿Cuál?	ဘယ်ဟာလဲ	be ha le:
¿A quién?	ဘယ်သူ့ကိုလဲ	be dhu. gou le:
¿De quién? (~ hablan ...)	ဘယ်သူ့အကြောင်းလဲ	be dhu. kjaun: le:
¿De qué?	ဘာအကြောင်းလဲ	ba akjain: le:
¿Con quién?	ဘယ်သူနဲ့လဲ	be dhu ne. le:
¿Cuánto?	ဘယ်လောက်လဲ	be lau' le:
¿De quién?	ဘယ်သူ့	be dhu.

4. Las preposiciones

con ... (~ algn)	နဲ့အတူ	ne. atu
sin ... (~ azúcar)	မပါဘဲ	ma. ba be:
a ... (p.ej. voy a México)	သို့	thou.
de ... (hablar ~)	အကြောင်း	akjaun:
antes de ...	မတိုင်မီ	ma. dain mi
delante de ...	ရှေ့မှာ	shei. hma
debajo	အောက်မှာ	au' hma
sobre ..., encima de ...	အပေါ်မှာ	apo hma

en, sobre (~ la mesa)	အပေါ်	apo
de (origen)	မှ	hma.
de (fabricado de)	ဖြင့်	hpjin.

| dentro de ... | နောက် | nau' |
| encima de ... | ဖြတ်လျက် | hpja' lje' |

5. Las palabras útiles. Los adverbios. Unidad 1

¿Dónde?	ဘယ်မှာလဲ	be hma le:
aquí (adv)	ဒီမှာ	di hma
allí (adv)	ဟိုမှာ	hou hma.

| en alguna parte | တစ်နေရာရာမှာ | ti' nei ja ja hma |
| en ninguna parte | ဘယ်မှာမှ | be hma hma. |

| junto a ... | နားမှာ | na: hma |
| junto a la ventana | ပြတင်းပေါက်နားမှာ | badin: pau' hna: hma |

¿A dónde?	ဘယ်ကိုလဲ	be gou le:
aquí (venga ~)	ဒီဘက်ကို	di be' kou
allí (vendré ~)	ဟိုဘက်ကို	hou be' kou
de aquí (adv)	ဒီဘက်မှ	di be' hma
de allí (adv)	ဟိုဘက်မှ	hou be' hma.

| cerca (no lejos) | နီးသည် | ni: de |
| lejos (adv) | အဝေးမှာ | awei: hma |

cerca de ...	နားမှာ	na: hma
al lado (de ...)	ဘေးမှာ	bei: hma
no lejos (adv)	မနီးမဝေး	ma. ni ma. wei:

izquierdo (adj)	ဘယ်	be
a la izquierda (situado ~)	ဘယ်ဘက်မှာ	be be' hma
a la izquierda (girar ~)	ဘယ်ဘက်	be be'

derecho (adj)	ညာဘက်	nja be'
a la derecha (situado ~)	ညာဘက်မှာ	nja be' hma
a la derecha (girar)	ညာဘက်	nja be'

delante (yo voy ~)	ရှေ့မှာ	shei. hma
delantero (adj)	ရှေ့	shei.
adelante (movimiento)	ရှေ့	shei.

detrás de ...	နောက်မှာ	nau' hma
desde atrás	နောက်က	nau' ka.
atrás (da un paso ~)	နောက်	nau'

| centro (m), medio (m) | အလယ် | ale |
| en medio (adv) | အလယ်မှာ | ale hma |

de lado (adv)	ဘေးမှာ	bei: hma
en todas partes	နေရာတိုင်းမှာ	nei ja dain: hma
alrededor (adv)	ပတ်လည်မှာ	pa' le hma

de dentro (adv)	အထဲမှ	a hte: hma.
a alguna parte	တစ်နေရာရာကို	ti' nei ja ja gou
todo derecho (adv)	တိုက်ရိုက်	tai' jai'
atrás (muévelo para ~)	အပြန်	apjan
de alguna parte (adv)	တစ်နေရာရာမှ	ti' nei ja ja hma.
no se sabe de dónde	တစ်နေရာရာမှ	ti' nei ja ja hma.
primero (adv)	ပထမအနေဖြင့်	pahtama. anei gjin.
segundo (adv)	ဒုတိယအနေဖြင့်	du. di. ja. anei bjin.
tercero (adv)	တတိယအနေဖြင့်	tati. ja. anei bjin.
de súbito (adv)	မတော်တဆ	ma. do da. za.
al principio (adv)	အစမှာ	asa. hma
por primera vez	ပထမဆုံး	pahtama. zoun:
mucho tiempo antes ...	မတိုင်ခင် အတော်လေး အလိုက	ma. dain gin ato lei: alou ga.
de nuevo (adv)	အသစ်တဖန်	athi' da. ban
para siempre (adv)	အမြဲတမ်း	amje: dan:
jamás, nunca (adv)	ဘယ်တော့မှ	be do hma.
de nuevo (adv)	တဖန်	tahpan
ahora (adv)	အခုတော့	akhu dau.
frecuentemente (adv)	ခဏခဏ	khana. khana.
entonces (adv)	ထိုသို့ဖြစ်လျှင်	htou dhou. bji' shin
urgentemente (adv)	အမြန်	aman
usualmente (adv)	ပုံမှန်	poun hman
a propósito, ...	စကားမစပ်	zaga: ma. za'
es probable	ဖြင်နိုင်သည်	hpjin nain de
probablemente (adv)	ဖြစ်နိုင်သည်	hpji' nein de
tal vez	ဖြစ်နိုင်သည်	hpji' nein de
además ...	ဒါ့အပြင်	da. apjin
por eso ...	ဒါကြောင့်	da gjaun.
a pesar de ...	သော်လည်း	tho lei:
gracias a ...	ကြောင့်	kjaun.
qué (pron)	ဘာ	ba
que (conj)	ဟု	hu
algo (~ le ha pasado)	တစ်ခုခု	ti' khu. gu.
algo (~ así)	တစ်ခုခု	ti' khu. gu.
nada (f)	ဘာမှ	ba hma.
quien	ဘယ်သူ	be dhu.
alguien (viene ~)	တစ်ယောက်ယောက်	ti' jau' jau'
alguien (¿ha llamado ~?)	တစ်ယောက်ယောက်	ti' jau' jau'
nadie	ဘယ်သူမှ	be dhu hma.
a ninguna parte	ဘယ်ကိုမှ	be gou hma.
de nadie	ဘယ်သူမှမပိုင်သော	be dhu hma ma. bain de.
de alguien	တစ်ယောက်ယောက်ရဲ့	ti' jau' jau' je.
tan, tanto (adv)	ဒီလို	di lou
también (~ habla francés)	ထို့ပြင်လည်း	htou. bjin le:
también (p.ej. Yo ~)	လည်းဘဲ	le: be:

6. Las palabras útiles. Los adverbios. Unidad 2

¿Por qué?	ဘာကြောင့်လဲ	ba gjaun. le:
no se sabe porqué	တစ်ခုခုကြောင့်	ti' khu. gu. gjaun.
porque …	အဘယ်ကြောင့်ဆိုသော်	abe gjo:n. zou dho
por cualquier razón (adv)	တစ်ခုခုအတွက်	ti' khu. gu. atwe'
y (p.ej. uno y medio)	နှင့်	hnin.
o (p.ej. té o café)	သို့မဟုတ်	thou. ma. hou'
pero (p.ej. me gusta, ~)	ဒါပေမဲ့	da bei me.
para (p.ej. es para ti)	အတွက်	atwe'
demasiado (adv)	အလွန်	alun
sólo, solamente (adv)	သာ	tha
exactamente (adv)	အတိအကျ	ati. akja.
unos …, cerca de … (~ 10 kg)	ခန့်	khan.
aproximadamente	ခန့်မှန်းခြေအားဖြင့်	khan hman: gjei a: bjin.
aproximado (adj)	ခန့်မှန်းခြေဖြစ်သော	khan hman: gjei bji' te.
casi (adv)	နီးပါး	ni: ba:
resto (m)	ကျန်သော	kjan de.
el otro (adj)	တခြားသော	tacha: de.
otro (p.ej. el otro día)	အခြားသော	apja: de.
cada (adj)	တိုင်း	tain:
cualquier (adj)	မဆို	ma. zou
mucho (innum.)	အများကြီး	amja: gji:
mucho (num.)	အမြောက်အများ	amjau' amja:
muchos (mucha gente)	များစွာသော	mja: zwa de.
todos	အားလုံး	a: loun:
a cambio de …	အစား	asa:
en cambio (adv)	အစား	asa:
a mano (hecho ~)	လက်ဖြင့်	le' hpjin.
poco probable	ဖြစ်နိုင်ခြေ နည်းသည်	hpji' nain gjei ni: de
probablemente	ဖြစ်နိုင်သည်	hpji' nein de
a propósito (adv)	တမင်	tamin
por accidente (adv)	အမှတ်တမဲ့	ahma' ta. me.
muy (adv)	သိပ်	thei'
por ejemplo (adv)	ဥပမာအားဖြင့်	upama a: bjin.
entre (~ nosotros)	ကြား	kja:
entre (~ otras cosas)	ကြားထဲတွင်	ka: de: dwin:
tanto (~ gente)	ဒီလောက်	di lau'
especialmente (adv)	အထူးသဖြင့်	a htu: dha. hjin.

NÚMEROS. MISCELÁNEA

7. Números cardinales. Unidad 1

cero	သုည	thoun nja.
uno	တစ်	ti'
dos	နှစ်	hni'
tres	သုံး	thoun:
cuatro	လေး	lei:
cinco	ငါး	nga:
seis	ခြောက်	chau'
siete	ခုနှစ်	khun hni'
ocho	ရှစ်	shi'
nueve	ကိုး	kou:
diez	တစ်ဆယ်	ti' hse
once	တစ်ဆယ့်တစ်	ti' hse. ti'
doce	တစ်ဆယ့်နှစ်	ti' hse. hni'
trece	တစ်ဆယ့်သုံး	ti' hse. thoun:
catorce	တစ်ဆယ့်လေး	ti' hse. lei:
quince	တစ်ဆယ့်ငါး	ti' hse. nga:
dieciséis	တစ်ဆယ့်ခြောက်	ti' hse. khau'
diecisiete	တစ်ဆယ့်ခုနှစ်	ti' hse. khu ni'
dieciocho	တစ်ဆယ့်ရှစ်	ti' hse. shi'
diecinueve	တစ်ဆယ့်ကိုး	ti' hse. gou:
veinte	နှစ်ဆယ်	hni' hse
veintiuno	နှစ်ဆယ့်တစ်	hni' hse. ti'
veintidós	နှစ်ဆယ့်နှစ်	hni' hse. hni'
veintitrés	နှစ်ဆယ့်သုံး	hni' hse. thuan:
treinta	သုံးဆယ်	thoun: ze
treinta y uno	သုံးဆယ့်တစ်	thoun: ze. di'
treinta y dos	သုံးဆယ့်နှစ်	thoun: ze. hni'
treinta y tres	သုံးဆယ့်သုံး	thoun: ze. dhoun:
cuarenta	လေးဆယ်	lei: hse
cuarenta y uno	လေးဆယ့်တစ်	lei: hse. ti'
cuarenta y dos	လေးဆယ့်နှစ်	lei: hse. hni'
cuarenta y tres	လေးဆယ့်သုံး	lei: hse. thaun:
cincuenta	ငါးဆယ်	nga: ze
cincuenta y uno	ငါးဆယ့်တစ်	nga: ze di'
cincuenta y dos	ငါးဆယ့်နှစ်	nga: ze hni'
cincuenta y tres	ငါးဆယ့်သုံး	nga: ze dhoun:
sesenta	ခြောက်ဆယ်	chau' hse
sesenta y uno	ခြောက်ဆယ့်တစ်	chau' hse. di'

| sesenta y dos | ခြောက်ဆယ့်နှစ် | chau' hse. hni' |
| sesenta y tres | ခြောက်ဆယ့်သုံး | chau' hse. dhoun: |

setenta	ခုနစ်ဆယ်	khun hni' hse.
setenta y uno	ခုနစ်ဆယ့်တစ်	qunxcy•tx
setenta y dos	ခုနစ်ဆယ့်နှစ်	khun hni' hse. hni
setenta y tres	ခုနစ်ဆယ့်သုံး	khu. ni' hse. dhoun:

ochenta	ရှစ်ဆယ်	shi' hse
ochenta y uno	ရှစ်ဆယ့်တစ်	shi' hse. ti'
ochenta y dos	ရှစ်ဆယ့်နှစ်	shi' hse. hni'
ochenta y tres	ရှစ်ဆယ့်သုံး	shi' hse. dhun:

noventa	ကိုးဆယ်	kou: hse
noventa y uno	ကိုးဆယ့်တစ်	kou: hse. ti'
noventa y dos	ကိုးဆယ့်နှစ်	kou: hse. hni'
noventa y tres	ကိုးဆယ့်သုံး	kou: hse. dhaun:

8. Números cardinales. Unidad 2

cien	တစ်ရာ	ti' ja
doscientos	နှစ်ရာ	hni' ja
trescientos	သုံးရာ	thoun; ja
cuatrocientos	လေးရာ	lei: ja
quinientos	ငါးရာ	nga: ja

seiscientos	ခြောက်ရာ	chau' ja
setecientos	ခုနစ်ရာ	khun hni' ja
ochocientos	ရှစ်ရာ	shi' ja
novecientos	ကိုးရာ	kou: ja

mil	တစ်ထောင်	ti' htaun
dos mil	နှစ်ထောင်	hni' taun
tres mil	သုံးထောင်	thoun: daun
diez mil	တစ်သောင်း	ti' thaun:
cien mil	တစ်သိန်း	ti' thein:
millón (m)	တစ်သန်း	ti' than:
mil millones	ဘီလီယံ	bi li jan

9. Números ordinales

primero (adj)	ပထမ	pahtama.
segundo (adj)	ဒုတိယ	du. di. ja.
tercero (adj)	တတိယ	tati, ja,
cuarto (adj)	စတုတ္ထ	zadou' hta.
quinto (adj)	ပဉ္စမ	pjin sama.

sexto (adj)	ဆဋ္ဌမ	hsa. htama.
séptimo (adj)	သတ္တမ	tha' tama.
octavo (adj)	အဋ္ဌမ	a' htama.
noveno (adj)	နဝမ	na. wa. ma.
décimo (adj)	ဒသမ	da dha ma

LOS COLORES. LAS UNIDADES DE MEDIDA

10. Los colores

color (m)	အရောင်	ajaun
matiz (m)	အသွေးအဆင်း	athwei: ahsin:
tono (m)	အရောင်အသွေး	ajaun athwei:
arco (m) iris	သက်တံ	the' tan
blanco (adj)	အဖြူရောင်	ahpju jaun
negro (adj)	အနက်ရောင်	ane' jaun
gris (adj)	ခဲရောင်	khe: jaun
verde (adj)	အစိမ်းရောင်	asain: jaun
amarillo (adj)	အဝါရောင်	awa jaun
rojo (adj)	အနီရောင်	ani jaun
azul (adj)	အပြာရောင်	apja jaun
azul claro (adj)	အပြာနုရောင်	apja nu. jaun
rosa (adj)	ပန်းရောင်	pan: jaun
naranja (adj)	လိမ္မော်ရောင်	limmo jaun
violeta (adj)	ခရမ်းရောင်	khajan: jaun
marrón (adj)	အညိုရောင်	anjou jaun
dorado (adj)	ရွှေရောင်	shwei jaun
argentado (adj)	ငွေရောင်	ngwei jaun
beige (adj)	ဝါညိုနုရောင်	wa njou nu. jaun
crema (adj)	နို့နှစ်ရောင်	nou. hni' jaun
turquesa (adj)	စိမ်းပြာရောင်	sein: bja jaun
rojo cereza (adj)	ချယ်ရီရောင်	che ji jaun
lila (adj)	ခရမ်းဖျော့ရောင်	khajan: bjo. jaun
carmesí (adj)	ကြက်သွေးရောင်	kje' thwei: jaun
claro (adj)	အရောင်ဖျော့သော	ajaun bjo. de.
oscuro (adj)	အရောင်ရင့်သော	ajaun jin. de.
vivo (adj)	တောက်ပသော	tau' pa. de.
de color (lápiz ~)	အရောင်ရှိသော	ajaun shi. de.
en colores (película ~)	ရောင်စုံ	jau' soun
blanco y negro (adj)	အဖြူအမည်း	ahpju ame:
unicolor (adj)	တစ်ရောင်တည်းရှိသော	ti' jaun te: shi. de.
multicolor (adj)	အရောင်စုံသော	ajaun zoun de.

11. Las unidades de medida

| peso (m) | အလေးချိန် | alei: gjein |
| longitud (f) | အရှည် | ashei |

anchura (f)	အကျယ်	akje
altura (f)	အမြင့်	amjin.
profundidad (f)	အနက်	ane'
volumen (m)	ထုထည်	du. de
área (f)	အကျယ်အဝန်း	akje awun:

gramo (m)	ဂရမ်	ga ran
miligramo (m)	မိလီဂရမ်	mi li ga. jan
kilogramo (m)	ကီလိုဂရမ်	ki lou ga jan
tonelada (f)	တန်	tan
libra (f)	ပေါင်	paun
onza (f)	အောင်စ	aun sa.

metro (m)	မီတာ	mi ta
milímetro (m)	မိလီမီတာ	mi li mi ta
centímetro (m)	စင်တီမီတာ	sin ti mi ta
kilómetro (m)	ကီလိုမီတာ	ki lou mi ta
milla (f)	မိုင်	main

pulgada (f)	လက်မ	le' ma
pie (m)	ပေ	pei
yarda (f)	ကိုက်	kou'

metro (m) cuadrado	စတုရန်းမီတာ	satu. jan: mi ta
hectárea (f)	ဟက်တာ	he' ta

litro (m)	လီတာ	li ta
grado (m)	ဒီဂရီ	di ga ji
voltio (m)	ဗို့	boi.
amperio (m)	အမ်ပီယာ	an bi ja
caballo (m) de fuerza	မြင်းကောင်ရေအား	mjin: gaun jei a:

cantidad (f)	အရေအတွက်	ajei adwe'
un poco de ...	နည်းနည်း	ne: ne:
mitad (f)	တစ်ဝက်	ti' we'
docena (f)	ဒါဇင်	da zin
pieza (f)	ခု	khu.

dimensión (f)	အတိုင်းအတာ	atain: ata
escala (f) (del mapa)	စကေး	sakei:

mínimo (adj)	အနည်းဆုံး	ane: zoun
el más pequeño (adj)	အသေးဆုံး	athei: zoun:
medio (adj)	အလယ်အလတ်	ale ala'
máximo (adj)	အများဆုံး	amja: zoun:
el más grande (adj)	အကြီးဆုံး	akji: zoun:

12. Contenedores

tarro (m) de vidrio	ဖန်ဘူး	hpan bu:
lata (f)	သံဘူး	than bu:
cubo (m)	ရေပုံး	jei boun:
barril (m)	စည်ပိုင်း	si bain:
palangana (f)	ဇလုံ	za loun

tanque (m)	သံစည်	than zi
petaca (f) (de alcohol)	အရက်ပုလင်းပြား	aje' pu lin: pja:
bidón (m) de gasolina	ဓာတ်ဆီပုံး	da' hsi boun:
cisterna (f)	တိုင်ကီ	tain ki
taza (f) (mug de cerámica)	မတ်ခွက်	ma' khwe'
taza (f) (~ de café)	ခွက်	khwe'
platillo (m)	အောက်ခံပန်းကန်ပြား	au' khan ban: kan pja:
vaso (m) (~ de agua)	ဖန်ခွက်	hpan gwe'
copa (f) (~ de vino)	ဝိုင်ခွက်	wain gwe'
olla (f)	ပေါင်းအိုး	paun: ou:
botella (f)	ပုလင်း	palin:
cuello (m) de botella	ပုလင်းလည်ပင်း	palin: le bin:
garrafa (f)	ဖန်ချိုင့်	hpan gjain.
jarro (m) (~ de agua)	ကရား	kaja:
recipiente (m)	အိုးခွက်	ou: khwe'
tarro (m)	မြေအိုး	mjei ou:
florero (m)	ပန်းအိုး	pan: ou:
frasco (m) (~ de perfume)	ပုလင်း	palin:
frasquito (m)	ပုလင်းကလေး	palin: galei:
tubo (m)	ဘူး	bu:
saco (m) (~ de azúcar)	ဂုံနီအိတ်	goun ni ei'
bolsa (f) (~ plástica)	အိတ်	ei'
paquete (m) (~ de cigarrillos)	ဘူး	bu:
caja (f)	စက္ကူဘူး	se' ku bu:
cajón (m) (~ de madera)	သေတ္တာ	thi' ta
cesta (f)	တောင်း	taun:

LOS VERBOS MÁS IMPORTANTES

13. Los verbos más importantes. Unidad 1

abrir (vt)	ဖွင့်သည်	hpwin. de
acabar, terminar (vt)	ပြီးသည်	pji: de
aconsejar (vt)	အကြံပေးသည်	akjan bei: de
adivinar (vt)	မှန်းဆသည်	hman za de
advertir (vt)	သတိပေးသည်	dhadi. pei: de
alabarse, jactarse (vr)	ကြွားသည်	kjwa: de
almorzar (vi)	နေ့လယ်စာစားသည်	nei. le za za de
alquilar (~ una casa)	ငှားသည်	hnga: de
amenazar (vt)	ခြိမ်းခြောက်သည်	chein: gjau' te
arrepentirse (vr)	နောင်တရသည်	naun da. ja. de
ayudar (vt)	ကူညီသည်	ku nji de
bañarse (vr)	ရေကူးသည်	jei ku: de
bromear (vi)	စနောက်သည်	sanau' te
buscar (vt)	ရှာသည်	sha de
caer (vi)	ကျဆင်းသည်	kja zin: de
callarse (vr)	နှုတ်ဆိတ်သည်	hnou' hsei' te
cambiar (vt)	ပြောင်းလဲသည်	pjaun: le: de
castigar, punir (vt)	အပြစ်ပေးသည်	apja' pei: de
cavar (vt)	တူးသည်	tu: de
cazar (vi, vt)	အမဲလိုက်သည်	ame: lai' de
cenar (vi)	ညစာစားသည်	nja. za za: de
cesar (vt)	ရပ်သည်	ja' te
coger (vt)	ဖမ်းသည်	hpan: de
comenzar (vt)	စတင်သည်	sa. tin de
comparar (vt)	နှိုင်းယှဉ်သည်	hnain: shin de
comprender (vt)	နားလည်သည်	na: le de
confiar (vt)	ယုံကြည်သည်	joun kji de
confundir (vt)	ရောထွေးသည်	jo: dwei: de
conocer (~ a alguien)	သိသည်	thi. de
contar (vt) (enumerar)	ရေတွက်သည်	jei dwe' te
contar con ...	အားကိုးသည်	a: kou: de
continuar (vt)	ဆက်လုပ်သည်	hse' lou' te
controlar (vt)	ထိန်းချုပ်သည်	htein: gjou' te
correr (vi)	ပြေးသည်	pjei: de
costar (vt)	ကုန်ကျသည်	koun kja de
crear (vt)	ဖန်တီးသည်	hpan di: de

14. Los verbos más importantes. Unidad 2

dar (vt)	ပေးသည်	pei: de
dar una pista	အရိပ်အမြွက်ပေးသည်	aji' ajmwe' pei: de

decir (vt)	ပြောသည်	pjo: de
decorar (para la fiesta)	အလှဆင်သည်	ahla. zin dhe
defender (vt)	ကာကွယ်သည်	ka gwe de
dejar caer	ဖြုတ်ချသည်	hpjou' cha. de
desayunar (vi)	နံနက်စာစားသည်	nan ne' za za: de
descender (vi)	ဆင်းသည်	hsin: de
dirigir (administrar)	ညွှန်ကြားသည်	hnjun gja: de
disculpar (vt)	ခွင့်လွှတ်သည်	khwin. hlu' te
disculparse (vr)	တောင်းပန်သည်	thaun: ban de
discutir (vt)	ဆွေးနွေးသည်	hswe: nwe: de
dudar (vt)	သံသယဖြစ်သည်	than thaja. bji' te
encontrar (hallar)	ရှာတွေ့သည်	sha dwei. de
engañar (vi, vt)	လိမ်ပြောသည်	lain bjo: de
entrar (vi)	ဝင်သည်	win de
enviar (vt)	ပို့သည်	pou. de
equivocarse (vr)	မှားသည်	hma: de
escoger (vt)	ရွေးသည်	jwei: de
esconder (vt)	ဖုံးကွယ်သည်	hpoun: gwe de
escribir (vt)	ရေးသည်	jei: de
esperar (aguardar)	စောင့်သည်	saun. de
esperar (tener esperanza)	မျှော်လင့်သည်	hmjo. lin. de
estar (vi)	ဖြစ်နေသည်	hpji' nei de
estar de acuerdo	သဘောတူသည်	dhabo: tu de
estudiar (vt)	သင်ယူလေ့လာသည်	thin ju lei. la de
exigir (vt)	တိုက်တွန်းသည်	tai' tun: de
existir (vi)	တည်ရှိသည်	ti shi. de
explicar (vt)	ရှင်းပြသည်	shin: bja. de
faltar (a las clases)	ပျက်ကွက်သည်	pje' kwe' te
firmar (~ el contrato)	လက်မှတ်ထိုးသည်	le' hma' htou: de
girar (~ a la izquierda)	ကွေ့သည်	kwei. de
gritar (vi)	အော်သည်	o de
guardar (conservar)	ထိန်းထားသည်	htein: da: de
gustar (vi)	ကြိုက်သည်	kjai' de
hablar (vi, vt)	ပြောသည်	pjo: de
hacer (vt)	ပြုလုပ်သည်	pju. lou' te
informar (vt)	အကြောင်းကြားသည်	akjaun: kja: de
insistir (vi)	တိုက်တွန်းပြောဆိုသည်	tou' tun: bjo: zou de
insultar (vt)	စော်ကားသည်	so ga: de
interesarse (vr)	စိတ်ဝင်စားသည်	sei' win za: de
invitar (vt)	ဖိတ်သည်	hpi' de
ir (a pie)	သွားသည်	thwa: de
jugar (divertirse)	ကစားသည်	gaza: de

15. Los verbos más importantes. Unidad 3

leer (vi, vt)	ဖတ်သည်	hpa' te
liberar (ciudad, etc.)	လွတ်မြောက်စေသည်	lu' mjau' sei de
llamar (por ayuda)	ခေါ်သည်	kho de

llegar (vi)	ရောက်သည်	jau' te
llorar (vi)	ငိုသည်	ngou de
matar (vt)	သတ်သည်	tha' te
mencionar (vt)	ဖော်ပြသည်	hpjo bja. de
mostrar (vt)	ပြသည်	pja. de
nadar (vi)	ရေကူးသည်	jei ku: de
negarse (vr)	ငြင်းဆန်သည်	njin: zan de
objetar (vt)	ငြင်းသည်	njin: de
observar (vt)	စောင့်ကြည့်သည်	saun. gji. de
oír (vt)	ကြားသည်	ka: de
olvidar (vt)	မေ့သည်	mei. de
orar (vi)	ရှိန်းသည်	shi. gou: de
ordenar (mil.)	အမိန့်ပေးသည်	amin. bei: de
pagar (vi, vt)	ပေးရေသည်	pei: gjei de
pararse (vr)	ရပ်သည်	ja' te
participar (vi)	ပါဝင်သည်	pa win de
pedir (ayuda, etc.)	တောင်းဆိုသည်	taun: hsou: de
pedir (en restaurante)	မှာသည်	hma de
pensar (vi, vt)	ထင်သည်	htin de
percibir (ver)	သတိထားမိသည်	dhadi. da: mi. de
perdonar (vt)	ခွင့်လွှတ်သည်	khwin. hlu' te
permitir (vt)	ခွင့်ပြုသည်	khwin bju. de
pertenecer a …	ပိုင်ဆိုင်သည်	pain zain de
planear (vt)	စီစဉ်သည်	si zin de
poder (v aux)	တတ်နိုင်သည်	ta' nain de
poseer (vt)	ပိုင်ဆိုင်သည်	pain zain de
preferir (vt)	ပိုကြိုက်သည်	pou gjai' te
preguntar (vt)	မေးသည်	mei: de
preparar (la cena)	ချက်ပြုတ်သည်	che' pjou' te
prever (vt)	ကြိုမြင်သည်	kjou mjin de
probar, tentar (vt)	စမ်းကြည့်သည်	san: kji. de
prometer (vt)	ကတိပေးသည်	gadi pei: de
pronunciar (vt)	အသံထွက်သည်	athan dwe' te
proponer (vt)	အဆိုပြုသည်	ahsou bju. de
quebrar (vt)	ဖျက်ဆီးသည်	hpje' hsi: de
quejarse (vr)	တိုင်ကြားသည်	tain bjo: de
querer (amar)	ချစ်သည်	chi' te
querer (desear)	လိုချင်သည်	lou gjin de

16. Los verbos más importantes. Unidad 4

recomendar (vt)	အကြံပြုထောက်ခံသည်	akjan pju htau' khan de
regañar, reprender (vt)	ဆူသည်	hsu. de
reírse (vr)	ရယ်သည်	je de
repetir (vt)	ထပ်လုပ်သည်	hta' lou' te
reservar (~ una mesa)	မှာသည်	hma de

responder (vi, vt)	ဖြေသည်	hpjei de
robar (vt)	ခိုးသည်	khou: de
saber (~ algo mas)	သိသည်	thi. de
salir (vi)	ထွက်သည်	htwe' te
salvar (vt)	ကယ်ဆယ်သည်	ke ze de
seguir ...	လိုက်သည်	lai' te
sentarse (vr)	ထိုင်သည်	htain de
ser (vi)	ဖြစ်သည်	hpji' te
ser necesario	အလိုရှိသည်	alou' shi. de
significar (vt)	ဆိုလိုသည်	hsou lou de
sonreír (vi)	ပြုံးသည်	pjoun: de
sorprenderse (vr)	အံ့သြသည်	an. o. de
subestimar (vt)	လျှော့တွက်သည်	sho. dwe' de
tener (vt)	ရှိသည်	shi. de
tener hambre	ဗိုက်ဆာသည်	bai' hsa de
tener miedo	ကြောက်သည်	kjau' te
tener prisa	လောသည်	lo de
tener sed	ရေဆာသည်	jei za de
tirar, disparar (vi)	ပစ်သည်	pi' te
tocar (con las manos)	ကိုင်သည်	kain de
tomar (vt)	ယူသည်	ju de
tomar nota	ရေးထားသည်	jei: da: de
trabajar (vi)	အလုပ်လုပ်သည်	alou' lou' te
traducir (vt)	ဘာသာပြန်သည်	ba dha bjan de
unir (vt)	ပေါင်းစည်းသည်	paun: ze: de
vender (vt)	ရောင်းသည်	jaun: de
ver (vt)	မြင်သည်	mjin de
volar (pájaro, avión)	ပျံသန်းသည်	pjan dan: de

LA HORA. EL CALENDARIO

lunes (m)	တနင်္လာ	tanin: la
martes (m)	အင်္ဂါ	in ga
miércoles (m)	ဗုဒ္ဓဟူး	bou' da. hu:
jueves (m)	ကြာသပတေး	kja dha ba. dei:
viernes (m)	သောကြာ	thau' kja
sábado (m)	စနေ	sanei
domingo (m)	တနင်္ဂနွေ	tanin: ganwei

hoy (adv)	ယနေ့	ja. nei.
mañana (adv)	မနက်ဖြန်	mane' bjan
pasado mañana	သဘက်ခါ	dhabe' kha
ayer (adv)	မနေ့က	ma. nei. ka.
anteayer (adv)	တနေ့က	ta. nei. ga.

día (m)	နေ့	nei.
día (m) de trabajo	ရုံးဖွင့်ရက်	joun: hpwin je'
día (m) de fiesta	ပွဲတော်ရက်	pwe: do je'
día (m) de descanso	ရုံးပိတ်ရက်	joun: bei' je'
fin (m) de semana	ရုံးပိတ်ရက်များ	joun: hpwin je' mja:

todo el día	တနေ့လုံး	ta. nei. loun:
al día siguiente	နောက်နေ့	nau' nei.
dos días atrás	လွန်ခဲ့သော နှစ်ရက်က	lun ge: de. hni' ja' ka.
en vísperas (adv)	အကြိုနေ့မှာ	akjou nei. hma
diario (adj)	နေ့စဉ်	nei. zin
cada día (adv)	နေ့တိုင်း	nei dain:

semana (f)	ရက်သတ္တပတ်	je' tha' daba'
semana (f) pasada	ပြီးခဲ့တဲ့အပတ်က	pji: ge. de. apa' ka.
semana (f) que viene	လာမယ့်အပတ်မှာ	la. me. apa' hma
semanal (adj)	အပတ်စဉ်	apa' sin
cada semana (adv)	အပတ်စဉ်	apa' sin
2 veces por semana	တစ်ပတ် နှစ်ကြိမ်	ti' pa' hni' kjein
todos los martes	အင်္ဂါနေ့တိုင်း	in ga nei. dain:

mañana (f)	နံနက်ခင်း	nan ne' gin:
por la mañana	နံနက်ခင်းမှာ	nan ne' gin: hma
mediodía (m)	မွန်းတည့်	mun: de.
por la tarde	နေ့လယ်စာစားချိန်ပြီးနောက်	nei. le za za: gjein bji: nau'

noche (f)	ညနေခင်း	nja. nei gin:
por la noche	ညနေခင်းမှာ	nja. nei gin: hma

noche (f) (p.ej. 2:00 a.m.)	ည	nja
por la noche	ညမှာ	nja hma
medianoche (f)	သန်းခေါင်ယံ	than: gaun jan

segundo (m)	စက္ကန့်	se' kan.
minuto (m)	မိနစ်	mi. ni'
hora (f)	နာရီ	na ji
media hora (f)	နာရီဝက်	na ji we'
cuarto (m) de hora	ဆယ့်ငါးမိနစ်	hse. nga: mi. ni'
quince minutos	၁၅ မိနစ်	ta' hse. nga: mi ni'
veinticuatro horas	နှစ်ဆယ်လေးနာရီ	hni' hse lei: na ji

salida (f) del sol	နေထွက်ချိန်	nei dwe' gjein
amanecer (m)	အာရုဏ်ဦး	a joun u:
madrugada (f)	နံနက်စောစော	nan ne' so: zo:
puesta (f) del sol	နေဝင်ချိန်	nei win gjein

de madrugada	နံနက်အစောပိုင်း	nan ne' aso: bain:
esta mañana	ယနေ့နံနက်	ja. nei. nan ne'
mañana por la mañana	မနက်ဖြန်နံနက်	mane' bjan nan ne'

esta tarde	ယနေ့နေ့လယ်	ja. nei. nei. le
por la tarde	နေ့လယ်စာစားချိန်ပြီးနောက်	nei. le za za: gjein bji: nau'
mañana por la tarde	မနက်ဖြန်မွန်းလွဲပိုင်း	mane' bjan mun: lwe: bain:

esta noche (p.ej. 8:00 p.m.)	ယနေ့ညနေ	ja. nei. nja. nei
mañana por la noche	မနက်ဖြန်ညနေ	mane' bjan nja. nei

a las tres en punto	၃ နာရီတွင်	thoun: na ji dwin
a eso de las cuatro	၄ နာရီခန့်တွင်	lei: na ji khan dwin
para las doce	၁၂ နာရီအရောက်	hse. hni' na ji ajau'

dentro de veinte minutos	နောက် မိနစ် ၂၀ မှာ	nau' mi. ni' hni' se hma
dentro de una hora	နောက်တစ်နာရီမှာ	nau' ti' na ji hma
a tiempo (adv)	အချိန်ကိုက်	achein kai'

… menos cuarto	မတ်တင်း	ma' tin'
durante una hora	တစ်နာရီအတွင်း	ti' na ji atwin:
cada quince minutos	၁၅ မိနစ်တိုင်း	ta' hse. nga: mi ni' htain:
día y noche	၂၄ နာရီလုံး	hna' hse. lei: na ji

19. Los meses. Las estaciones

enero (m)	ဇန်နဝါရီလ	zan na. wa ji la.
febrero (m)	ဖေဖော်ဝါရီလ	hpei bo wa ji la
marzo (m)	မတ်လ	ma' la.
abril (m)	ဧပြီလ	ei bji la.
mayo (m)	မေလ	mei la.
junio (m)	ဇွန်လ	zun la.

julio (m)	ဇူလိုင်လ	zu lain la.
agosto (m)	သြဂုတ်လ	o: gou' la.
septiembre (m)	စက်တင်ဘာလ	sa' htin ba la.
octubre (m)	အောက်တိုဘာလ	au' tou ba la

noviembre (m)	နိုဝင်ဘာလ	nou win ba la.
diciembre (m)	ဒီဇင်ဘာလ	di zin ba la.
primavera (f)	နွေဦးရာသီ	nwei: u: ja dhi
en primavera	နွေဦးရာသီမှာ	nwei: u: ja dhi hma
de primavera (adj)	နွေဦးရာသီနှင့်ဆိုင်သော	nwei: u: ja dhi hnin. zain de.
verano (m)	နွေရာသီ	nwei: ja dhi
en verano	နွေရာသီမှာ	nwei: ja dhi hma
de verano (adj)	နွေရာသီနှင့်ဆိုင်သော	nwei: ja dhi hnin. zain de.
otoño (m)	ဆောင်းဦးရာသီ	hsaun: u: ja dhi
en otoño	ဆောင်းဦးရာသီမှာ	hsaun: u: ja dhi hma
de otoño (adj)	ဆောင်းဦးရာသီနှင့်ဆိုင်သော	hsaun: u: ja dhi hnin. zain de.
invierno (m)	ဆောင်းရာသီ	hsaun: ja dhi
en invierno	ဆောင်းရာသီမှာ	hsaun: ja dhi hma
de invierno (adj)	ဆောင်းရာသီနှင့်ဆိုင်သော	hsaun: ja dhi hnin. zain de.
mes (m)	လ	la.
este mes	ဒီလ	di la.
al mes siguiente	နောက်လ	nau' la
el mes pasado	ယခင်လ	jakhin la.
hace un mes	ပြီးခဲ့တဲ့တစ်လကျော်	pji: ge. de. di' la. gjo
dentro de un mes	နောက်တစ်လကျော်	nau' ti' la. gjo
dentro de dos meses	နောက်နှစ်လကျော်	nau' hni' la. gjo
todo el mes	တစ်လလုံး	ti' la. loun:
todo un mes	တစ်လလုံး	ti' la. loun:
mensual (adj)	လစဉ်	la. zin
mensualmente (adv)	လစဉ်	la. zin
cada mes	လတိုင်း	la. dain:
dos veces por mes	တစ်လနှစ်ကြိမ်	ti' la. hni' kjein:
año (m)	နှစ်	hni'
este año	ဒီနှစ်မှာ	di hna' hma
el próximo año	နောက်နှစ်မှာ	nau' hni' hnma
el año pasado	ယခင်နှစ်မှာ	jakhin hni' hma
hace un año	ပြီးခဲ့တဲ့တစ်နှစ်ကျော်က	pji: ge. de. di' hni' kjo ga.
dentro de un año	နောက်တစ်နှစ်ကျော်	nau' ti' hni' gjo
dentro de dos años	နောက်နှစ်နှစ်ကျော်	nau' hni' hni' gjo
todo el año	တစ်နှစ်လုံး	ti' hni' loun:
todo un año	တစ်နှစ်လုံး	ti' hni' loun:
cada año	နှစ်တိုင်း	hni' tain:
anual (adj)	နှစ်စဉ်ဖြစ်သော	hni' san bji' te.
anualmente (adv)	နှစ်စဉ်	hni' san
cuatro veces por año	တစ်နှစ်လေးကြိမ်	ti' hni' lei: gjein
fecha (f) (la ~ de hoy es …)	နေ့စွဲ	nei. zwe:
fecha (f) (~ de entrega)	ရက်စွဲ	je' swe:
calendario (m)	ပြက္ခဒိန်	pje' gadein
medio año (m)	နှစ်ဝက်	hni' we'
seis meses	နှစ်ဝက်	hni' we'

| estación (f) | ရာသီ | ja dhi |
| siglo (m) | ရာစု | jazu. |

EL VIAJE. EL HOTEL

20. Las vacaciones. El viaje

turismo (m)	ခရီးသွားလုပ်ငန်း	khaji: thwa: lou' ngan:
turista (m)	ကမ္ဘာလှည့်ခရီးသည်	ga ba hli. kha. ji: de
viaje (m)	ခရီးထွက်ခြင်း	khaji: htwe' chin:
aventura (f)	စွန့်စားမှု	sun. za: hmu.
viaje (m) (p.ej. ~ en coche)	ခရီး	khaji:
vacaciones (f pl)	ခွင့်ရက်	khwin. je'
estar de vacaciones	အခွင့်ယူသည်	akhwin. ju de
descanso (m)	အနားယူခြင်း	ana: ju gjin:
tren (m)	ရထား	jatha:
en tren	ရထားနဲ့	jatha: ne.
avión (m)	လေယာဉ်	lei jan
en avión	လေယာဉ်နဲ့	lei jan ne.
en coche	ကားနဲ့	ka: ne.
en barco	သင်္ဘောနဲ့	thin: bo: ne.
equipaje (m)	ဝန်စည်စလည်	wun zi za. li
maleta (f)	သားရေသေတ္တာ	tha: jei dhi' ta
carrito (m) de equipaje	ပစ္စည်းတင်ရန်တွန်းလှည်း	pji' si: din jan dun: hle:
pasaporte (m)	နိုင်ငံကူးလက်မှတ်	nain ngan gu: le' hma'
visado (m)	ဗီဇာ	bi za
billete (m)	လက်မှတ်	le' hma'
billete (m) de avión	လေယာဉ်လက်မှတ်	lei jan le' hma'
guía (f) (libro)	လမ်းညွှန်စာအုပ်	lan: hnjun za ou'
mapa (m)	မြေပုံ	mjei boun
área (f) (~ rural)	ဒေသ	dei dha.
lugar (m)	နေရာ	nei ja
exotismo (m)	အထူးအဆန်းပစ္စည်း	a htu: a hsan: bji' si:
exótico (adj)	အထူးအဆန်းဖြစ်သော	a htu: a hsan: hpja' te.
asombroso (adj)	အံ့သြစရာကောင်းသော	an. o: sa ja kaun de.
grupo (m)	အုပ်စု	ou' zu.
excursión (f)	လေ့လာရေးခရီး	lei. la jei: gaji:
guía (m) (persona)	လမ်းညွှန်	lan: hnjun

21. El hotel

hotel (m)	ဟိုတယ်	hou te
motel (m)	မိုတယ်	mou te
de tres estrellas	ကြယ် ၃ ပွင့်အဆင့်	kje thoun: pwin, ahsin.

de cinco estrellas	ကြယ် ၅ ပွင့်အဆင့်	kje nga: pwin. ahsin.
hospedarse (vr)	တည်းခိုသည်	te: khou de
habitación (f)	အခန်း	akhan:
habitación (f) individual	တစ်ယောက်ခန်း	ti' jau' khan:
habitación (f) doble	နှစ်ယောက်ခန်း	hni' jau' khan:
reservar una habitación	ကြိုတင်မှာယူသည်	kjou tin hma ju de
media pensión (f)	ကြိုတင်တစ်ဝက်ငွေရှေ့ရြင်း	kjou tin di' we' ngwe gjei gjin:
pensión (f) completa	ငွေအပြည့်ကြို	ngwei apjei. kjou
	တင်ပေးရှေ့ရြင်း	din bei: chei chin:
con baño	ရေချိုးခန်းနှင့်	jei gjou gan: hnin.
con ducha	ရေပန်းနှင့်	jei ban: hnin.
televisión (f) satélite	ဂြိုဟ်တုရုပ်မြင်သံကြား	gjou' htu. jou' mjin dhan gja:
climatizador (m)	လေအေးပေးစက်	lei ei: chei: ze'
toalla (f)	တဘက်	tabe'
llave (f)	သော့	tho.
administrador (m)	အုပ်ချုပ်ရေးမှူး	ou' chu' jei: hmu:
camarera (f)	သန့်ရှင်းရေးဝန်ထမ်း	than. shin: jei: wun dan:
maletero (m)	အထမ်းသမား	a htan: dha. ma:
portero (m)	တံခါးဝမှ စောင့်ကြို	daga: wa. hma. e. kjou
restaurante (m)	စားသောက်ဆိုင်	sa: thau' hsain
bar (m)	ဘား	ba:
desayuno (m)	နံနက်စာ	nan ne' za
cena (f)	ညစာ	nja. za
buffet (m) libre	ဘူဖေး	bu hpei:
vestíbulo (m)	နာရောင်ခန်း	hna jaun gan:
ascensor (m)	တက်လှေ့ကား	da' hlei ga:
NO MOLESTAR	မနှောင့်ယှက်ရ	ma. hnaun hje' ja.
PROHIBIDO FUMAR	ဆေးလိပ်မသောက်ရ	hsei: lei' ma. dhau' ja.

22. El turismo. La excursión

monumento (m)	ရုပ်တု	jou' tu.
fortaleza (f)	ခံတပ်ကြီး	khwan da' kji:
palacio (m)	နန်းတော်	nan do
castillo (m)	ရဲတိုက်	je: dai'
torre (f)	မျှော်စင်	hmjo zin
mausoleo (m)	ဂူဗိမာန်	gu bi. man
arquitectura (f)	ဗိသုကာပညာ	bi. thu. ka pjin nja
medieval (adj)	အလယ်ခေတ်နှင့်ဆိုင်သော	ale khei' hnin. zain de.
antiguo (adj)	ရှေးကျသော	shei: gja. de
nacional (adj)	အမျိုးသားနှင့်ဆိုင်သော	amjou: dha: hnin. zain de.
conocido (adj)	နာမည်ကြီးသော	na me gji: de.
turista (m)	ကမ္ဘာလှည့်ခရီးသည်	ga ba hli. kha. ji: de
guía (m) (persona)	လမ်းညွှန်	lan: hnjun
excursión (f)	လေ့လာရေးခရီး	lei. la jei: gaji:

mostrar (vt)	ပြသည်	pja. de
contar (una historia)	ပြောပြသည်	pjo: bja. de
encontrar (hallar)	ရှာတွေ့သည်	sha dwei. de
perderse (vr)	ပျောက်သည်	pjau' te
plano (m) (~ de metro)	မြေပုံ	mjei boun
mapa (m) (~ de la ciudad)	မြေပုံ	mjei boun
recuerdo (m)	အမှတ်တရလက်ဆောင်ပစ္စည်း	ahma' ta ra le' hsaun pji' si:
tienda (f) de regalos	လက်ဆောင်ပစ္စည်းဆိုင်	le' hsaun pji' si: zain
hacer fotos	ဓာတ်ပုံရိုက်သည်	da' poun jai' te
fotografiarse (vr)	ဓာတ်ပုံရိုက်သည်	da' poun jai' te

EL TRANSPORTE

Español	Burmés	Fonética
aeropuerto (m)	လေဆိပ်	lei zi'
avión (m)	လေယာဉ်	lei jan
compañía (f) aérea	လေကြောင်း	lei gjaun:
controlador (m) aéreo	လေကြောင်းထိန်း	lei kjaun: din:
despegue (m)	ထွက်ခွာရာ	htwe' khwa ja
llegada (f)	ဆိုက်ရောက်ရာ	hseu' jau' ja
llegar (en avión)	ဆိုက်ရောက်သည်	hsai' jau' te
hora (f) de salida	ထွက်ခွာချိန်	htwe' khwa gjein
hora (f) de llegada	ဆိုက်ရောက်ချိန်	hseu' jau' chein
retrasarse (vr)	နောက်ကျသည်	nau' kja. de
retraso (m) de vuelo	လေယာဉ်နောက်ကျခြင်း	lei jan nau' kja. chin:
pantalla (f) de información	လေယာဉ်ရေးစဉ်ပြဘုတ်	lei jan ga. ji: zi bja. bou'
información (f)	သတင်းအချက်အလက်	dhadin: akje' ale'
anunciar (vt)	ကြေငြာသည်	kjei nja de
vuelo (m)	ပျံသန်းမှု	pjan dan: hmu.
aduana (f)	အကောက်ဆိပ်	akau' hsein
aduanero (m)	အကောက်ခွန်အရာရှိ	akau' khun aja shi.
declaración (f) de aduana	အကောက်ခွန်ကြေငြာချက်	akau' khun gjei nja gje'
rellenar (vt)	လျှောက်လွှာဖြည့်သည်	shau' hlwa bji. de
rellenar la declaración	သယ်ယူပစ္စည်းစာရင်း	the ju pji' si: zajin:
	ကြေညာသိည်	kjei nja de
control (m) de pasaportes	ပတ်စ်ပို့ထိန်းချုပ်မှု	pa's pou. htein: gju' hmu.
equipaje (m)	ဝန်စည်စလည်	wun zi za. li
equipaje (m) de mano	လက်ဆွဲပစ္စည်း	le' swe: pji' si:
carrito (m) de equipaje	ပစ္စည်းတင်သည့်လှည်း	pji' si: din dhe. hle:
aterrizaje (m)	ဆင်းသက်ခြင်း	hsin: dha' chin:
pista (f) de aterrizaje	အဆင်းလမ်း	ahsin: lan:
aterrizar (vi)	ဆင်းသက်သည်	hsin: dha' te
escaleras (f pl) (de avión)	လေယာဉ်လှေကား	lei jan hlei ka:
facturación (f) (check-in)	စာရင်းသွင်းခြင်း	sajin: dhwin: gjin:
mostrador (m) de facturación	စာရင်းသွင်းကောင်တာ	sajin: gaun da
hacer el check-in	စာရင်းသွင်းသည်	sajin: dhwin: de
tarjeta (f) de embarque	လေယာဉ်ပေါ်တက်ခွင့်လက်မှတ်	lei jan bo de' khwin. le' hma'
puerta (f) de embarque	လေယာဉ်ထွက်ခွာရာဂိတ်	lei jan dwe' khwa ja gei'
tránsito (m)	အကူးအပြောင်း	aku: apjaun:
esperar (aguardar)	စောင့်သည်	saun. de

zona (f) de preembarque	ထွက်ခွာရာခန်းမ	htwe' kha ja gan: ma.
despedir (vt)	လိုက်ပို့သည်	lai' bou. de
despedirse (vr)	နှုတ်ဆက်သည်	hnou' hsei' te

24. El avión

avión (m)	လေယာဉ်	lei jan
billete (m) de avión	လေယာဉ်လက်မှတ်	lei jan le' hma'
compañía (f) aérea	လေကြောင်း	lei gjaun:
aeropuerto (m)	လေဆိပ်	lei zi'
supersónico (adj)	အသံထက်မြန်သော	athan de' mjan de.
comandante (m)	လေယာဉ်မှူး	lei jan hmu:
tripulación (f)	လေယာဉ်အမှုထမ်းအဖွဲ့	lei jan ahmu. dan: ahpwe.
piloto (m)	လေယာဉ်မောင်းသူ	lei jan maun dhu
azafata (f)	လေယာဉ်မယ်	lei jan me
navegador (m)	လေကြောင်းပြ	lei gjaun: bja.
alas (f pl)	လေယာဉ်တောင်ပံ	lei jan daun ban
cola (f)	လေယာဉ်အမြီး	lei jan amji:
cabina (f)	လေယာဉ်မောင်းအခန်း	lei jan maun akhan:
motor (m)	အင်ဂျင်	in gjin
tren (m) de aterrizaje	အောက်ခံတောင်	au' khan baun
turbina (f)	တာဗိုင်	ta bain
hélice (f)	ပန်ကာ	pan ga
caja (f) negra	ဘလက်ဘောက်	ba. le' bo'
timón (m)	ပဲ့ကိုင်ဘီး	pe. gain bi:
combustible (m)	လောင်စာ	laun za
instructivo (m) de seguridad	အရေးပေါ်လုံခြုံရေး ညွှန်ကြားစာ	ajei: po' choun loun jei: hnjun gja: za
respirador (m) de oxígeno	အောက်ဆီဂျင်မျက်နှာဖုံး	au' hsi gjin mje' hna hpoun:
uniforme (m)	ယူနီဖောင်း	ju ni hpaun:
chaleco (m) salvavidas	အသက်ကယ်အင်္ကျီ	athe' kai in: gji
paracaídas (m)	လေထီး	lei di:
despegue (m)	ထွက်ခွါခြင်း	htwe' khwa gjin:
despegar (vi)	ပျံတက်သည်	pjan de' te
pista (f) de despegue	လေယာဉ်ပြေးလမ်း	lei jan bei: lan:
visibilidad (f)	မြင်ကွင်း	mjin gwin:
vuelo (m)	ပျံသန်းခြင်း	pjan dan: gjin:
altura (f)	အမြင့်	amjin.
pozo (m) de aire	လေမြှုပ်အရပ်	lei ma ngjin aja'
asiento (m)	ထိုင်ခုံ	htain goun
auriculares (m pl)	နားကြပ်	na: kja'
mesita (f) plegable	ခေါက်စားပွဲ	khau' sa: bwe:
ventana (f)	လေယာဉ်ပြူတင်းပေါက်	lei jan bja. din: bau'
pasillo (m)	မင်းလမ်း	min: lan:

25. El tren

tren (m)	ရထား	jatha:
tren (m) de cercanías	လျှင်စစ်ဓာတ်အားသုံးရထား	hlja' si' da' a: dhou: ja da:
tren (m) rápido	အမြန်ရထား	aman ja. hta:
locomotora (f) diésel	ဒီဇယ်ရထား	di ze ja da:
tren (m) de vapor	ရေနွေးငွေ့စက်ခေါင်း	jei nwei: ngwei. ze' khaun:
coche (m)	အတွဲ	atwe:
coche (m) restaurante	စားသောက်တွဲ	sa: thau' thwe:
rieles (m pl)	ရထားသံလမ်း	jatha dhan lan:
ferrocarril (m)	ရထားလမ်း	jatha: lan:
traviesa (f)	ဇလီဖားတုံး	zali ba: doun
plataforma (f)	စကြံန်	sin gjan
vía (f)	ရထားစကြံန်	jatha zin gjan
semáforo (m)	မီးပွိုင့်	mi: bwain.
estación (f)	ဘူတာရုံ	bu da joun
maquinista (m)	ရထားမောင်းသူ	jatha: maun: dhu
maletero (m)	အထမ်းသမား	a htan: dha. ma:
mozo (m) del vagón	အစောင့်	asaun.
pasajero (m)	ခရီးသည်	khaji: de
revisor (m)	လက်မှတ်စစ်ဆေးသူ	le' hma' ti' hsei: dhu:
corredor (m)	ကော်ရစ်တာ	ko ji' ta
freno (m) de urgencia	အရေးပေါ် ဘရိတ်	ajei: po' ba ji'
compartimiento (m)	အခန်း	akhan:
litera (f)	အိပ်ခင်	ei' zin
litera (f) de arriba	အပေါ် ထပ်အိပ်စင်	apo htap ei' sin
litera (f) de abajo	အောက်ထပ်အိပ်စင်	au' hta' ei' sin
ropa (f) de cama	အိပ်ရာခင်း	ei' ja khin:
billete (m)	လက်မှတ်	le' hma'
horario (m)	အချိန်ဇယား	achein zaja:
pantalla (f) de información	အချက်အလက်ပြနေရာ	ache' ale' pja. nei ja
partir (vi)	ထွက်ရွှါသည်	htwe' khwa de
partida (f) (del tren)	အထွက်	a htwe'
llegar (tren)	ဆိုက်ရောက်သည်	hseu' jau' de
llegada (f)	ဆိုက်ရောက်ရာ	hseu' jau' ja
llegar en tren	မီးရထားဖြင့်ရောက်ရှိသည်	mi: ja. da: bjin. jau' shi. de
tomar el tren	မီးရထားစီးသည်	mi: ja. da: zi: de
bajar del tren	မီးရထားမှဆင်းသည်	mi: ja. da: hma. zin: de
descarrilamiento (m)	ရထားတိုက်ခြင်း	jatha: dai' chin:
descarrilarse (vr)	ရထားလမ်းချော်သည်	jatha: lan: gjo de
tren (m) de vapor	ရေနွေးငွေ့စက်ခေါင်း	jei nwei: ngwei. ze' khaun:
fogonero (m)	မီးထိုးသမား	mi: dou: dhama:
hogar (m)	မီးဖို	mi: bou
carbón (m)	ကျောက်မီးသွေး	kjau' mi: dhwei:

26. El barco

barco, buque (m)	သင်္ဘော	thin: bo:
navío (m)	ရေယာဉ်	jei jan
buque (m) de vapor	မီးသင်္ဘော	mi: dha. bo:
motonave (f)	အပျော်စီးမော်တော်ဘုတ်ငယ်	apjo zi: mo do bou' nge
trasatlántico (m)	ပင်လယ်အပျော်စီးသင်္ဘော	pin le apjo zi: dhin: bo:
crucero (m)	လေယာဉ်တင်သင်္ဘော	lei jan din
yate (m)	အပျော်စီးရွက်လှေ	apjo zi: jwe' hlei
remolcador (m)	ဆွဲသင်္ဘော	hswe: thin: bo:
barcaza (f)	ဖောင်	hpaun
ferry (m)	ကူးတို့သင်္ဘော	gadou. thin: bo:
velero (m)	ရွက်သင်္ဘော	jwe' thin: bo:
bergantín (m)	ရွက်လှေ	jwe' hlei
rompehielos (m)	ရေခဲပြင်ခွဲသင်္ဘော	jei ge: bjin gwe: dhin: bo:
submarino (m)	ရေငုပ်သင်္ဘော	jei ngou' thin: bo:
bote (m) de remo	လှေ	hlei
bote (m)	ရော်ဘာလှေ	jo ba hlei
bote (m) salvavidas	အသက်ကယ်လှေ	athe' kai hlei
lancha (f) motora	မော်တော်ဘုတ်	mo to bou'
capitán (m)	ရေယာဉ်မှူး	jei jan hmu:
marinero (m)	သင်္ဘောသား	thin: bo: dha:
marino (m)	သင်္ဘောသား	thin: bo: dha:
tripulación (f)	သင်္ဘောအမှုထမ်းအဖွဲ့	thin: bo: ahmu. htan: ahpwe.
contramaestre (m)	ရေတပ်အရာရှိငယ်	jei da' aja shi. nge
grumete (m)	သင်္ဘောသားကလေး	thin: bo: dha: galei:
cocinero (m) de abordo	ထမင်းချက်	htamin: gje'
médico (m) del buque	သင်္ဘောဆရာဝန်	thin: bo: zaja wun
cubierta (f)	သင်္ဘောကုန်းပတ်	thin: bo: koun: ba'
mástil (m)	ရွက်တိုင်	jwe' tai'
vela (f)	ရွက်	jwe'
bodega (f)	ဝမ်းတွင်း	wan: twin:
proa (f)	ဦးစွန်း	u: zun:
popa (f)	ပုပိုင်း	pe. bain:
remo (m)	လှော်တက်	hlo de'
hélice (f)	သင်္ဘောပန်ကာ	thin: bo: ban ga
camarote (m)	သင်္ဘောပေါ်မှအခန်း	thin: bo: bo hma. aksan:
sala (f) de oficiales	အရာရှိများရှိပ်သာ	aja shi. mja: jin dha
sala (f) de máquinas	စက်ခန်း	se' khan:
puente (m) de mando	ကွပ်ကဲခန်း	ku' ke: khan:
sala (f) de radio	ရေဒီယိုခန်း	rei di jou gan:
onda (f)	လှိုင်း	hlain:
cuaderno (m) de bitácora	မှတ်တမ်းစာအုပ်	hma' tan: za ou'
anteojo (m)	အဝေးကြည့်မှန်ပြောင်း	awei: gji. hman bjaun:
campana (f)	ခေါင်းလောင်း	gaun: laun:

bandera (f)	အလံ	alan
cabo (m) (maroma)	သင်္ဘောသုံးလွန်ကြိုး	thin: bo: dhaun: lun gjou:
nudo (m)	ကြိုးထုံး	kjou: htoun:
pasamano (m)	လက်ရန်း	le' jan
pasarela (f)	သင်္ဘောကုန်းပေါင်	thin: bo: koun: baun
ancla (f)	ကျောက်ဆူး	kjau' hsu:
levar ancla	ကျောက်ဆူးနုတ်သည်	kjau' hsu: nou' te
echar ancla	ကျောက်ချသည်	kjau' cha. de
cadena (f) del ancla	ကျောက်ဆူးကြိုး	kjau' hsu: kjou:
puerto (m)	ဆိပ်ကမ်း	hsi' kan:
embarcadero (m)	သင်္ဘောဆိပ်	thin: bo: zei'
amarrar (vt)	ဆိုက်ကပ်သည်	hseu' ka' de
desamarrar (vt)	စွန့်ပစ်သည်	sun. bi' de
viaje (m)	ခရီးထွက်ခြင်း	khaji: htwe' chin:
crucero (m) (viaje)	အပျော်ခရီး	apjo gaji:
derrota (f) (rumbo)	ဦးတည်ရာ	u: ti ja
itinerario (m)	လမ်းကြောင်း	lan: gjaun:
canal (m) navegable	သင်္ဘောရေကြောင်း	thin: bo: jei gjaun:
bajío (m)	ရေတိမ်ပိုင်း	jei dein bain:
encallar (vi)	ကမ်းကပ်သည်	kan ka' te
tempestad (f)	မုန်တိုင်း	moun dain:
señal (f)	အချက်ပြ	ache' pja.
hundirse (vr)	နစ်မြုပ်သည်	ni' mjou' te
¡Hombre al agua!	လူရေထဲကျ	lu jei de: gja
SOS	အက်စ်အိုအက်စ်	e's o e's
aro (m) salvavidas	အသက်ကယ်ဘော	athe' kai bo

LA CIUDAD

27. El transporte urbano

Español	Birmano	Transcripción
autobús (m)	ဘတ်စ်ကား	ba's ka:
tranvía (m)	ဓာတ်ရထား	da' ja hta:
trolebús (m)	ဓာတ်ကား	da' ka:
itinerario (m)	လမ်းကြောင်း	lan: gjaun:
número (m)	ကားနံပါတ်	ka: nan ba'
ir en ...	ယဉ်စီးသည်	jin zi: de
tomar (~ el autobús)	ထိုင်သည်	htain de
bajar (~ del tren)	ကားပေါ် မှဆင်းသည်	ka: bo hma. zin: de
parada (f)	မှတ်တိုင်	hma' tain
próxima parada (f)	နောက်မှတ်တိုင်	nau' hma' tain
parada (f) final	အဆုံးမှတ်တိုင်	ahsoun: hma' tain
horario (m)	အချိန်ဇယား	achein zaja:
esperar (aguardar)	စောင့်သည်	saun. de
billete (m)	လက်မှတ်	le' hma'
precio (m) del billete	ယဉ်စီးခ	jin zi: ga.
cajero (m)	ငွေကိုင်	ngwei gain
control (m) de billetes	လက်မှတ်စစ်ဆေးခြင်း	le' hma' ti' hsei: chin
revisor (m)	လက်မှတ်စစ်ဆေးသူ	le' hma' ti' hsei: dhu:
llegar tarde (vi)	နောက်ကျသည်	nau' kja. de
perder (~ el tren)	ကားနောက်ကျသည်	ka: nau' kja de
tener prisa	အမြန်လုပ်သည်	aman lou' de
taxi (m)	တက္ကစီ	te' kasi
taxista (m)	တက္ကစီမောင်းသူ	te' kasi maun: dhu
en taxi	တက္ကစီဖြင့်	te' kasi hpjin.
parada (f) de taxi	တက္ကစီစုရပ်	te' kasi zu. ja'
llamar un taxi	တက္ကစီခေါ်သည်	te' kasi go de
tomar un taxi	တက္ကစီငှားသည်	te' kasi hnga: de
tráfico (m)	ယဉ်အသွားအလာ	jin athwa: ala
atasco (m)	ယဉ်ခြေကြောပိတ်ဆို့ မှု	jin gjo: bei' hsou. hmu.
horas (f pl) de punta	အလုပ်ဆင်းချိန်	alou' hsin: gjain
aparcar (vi)	ယဉ်ရပ်နားရန်နေရာယူသည်	jin ja' na: jan nei ja ju de
aparcar (vt)	ကားအားပါကင်ထိုးသည်	ka: a: pa kin dou: de
aparcamiento (m)	ပါကင်	pa gin
metro (m)	မြေအောက်ဥမင်လမ်း	mjei au' u. min lan:
estación (f)	ဘူတာရှိ	bu da joun
ir en el metro	မြေအောက်ရထားဖြင့်သွားသည်	mjei au' ja. da: bjin. dhwa: de
tren (m)	ရထား	jatha:
estación (f)	ရထားဘူတာရှိ	jatha: buda joun

28. La ciudad. La vida en la ciudad

ciudad (f)	မြို့	mjou.
capital (f)	မြို့တော်	mjou. do
aldea (f)	ရွာ	jwa
plano (m) de la ciudad	မြို့လမ်းညွှန်မြေပုံ	mjou. lan hnjun mjei boun
centro (m) de la ciudad	မြို့လယ်ခေါင်	mjou. le gaun
suburbio (m)	ဆင်ခြေဖုံးအရပ်	hsin gjei aja'
suburbano (adj)	ဆင်ခြေဖုံးအရပ်ဖြစ်သော	hsin gjei hpoun aja' hpa' te.
arrabal (m)	မြို့စွန်	mjou. zun
afueras (f pl)	ပတ်ဝန်းကျင်	pa' wun: gjin:
barrio (m)	စည်ကားရာမြို့လယ်နေရာ	si: ga: ja mjou. le nei ja
zona (f) de viviendas	လူနေရပ်ကွက်	lu nei ja' kwe'
tráfico (m)	ယာဉ်အသွားအလာ	jin athwa: ala
semáforo (m)	မီးပွိုင့်	mi: bwain.
transporte (m) urbano	ပြည်သူ့ပိုင်ခရီးသွား ပို့ဆောင်ရေး	pji dhu bain gaji: dhwa: bou. zaun jei:
cruce (m)	လမ်းဆုံ	lan: zoun
paso (m) de peatones	လူကူးမျဉ်းကြား	lu gu: mji: gja:
paso (m) subterráneo	မြေအောက်လမ်းကူး	mjei au' lan: gu:
cruzar (vt)	လမ်းကူးသည်	lan: gu: de
peatón (m)	လမ်းသွားလမ်းလာ	lan: dhwa: lan: la
acera (f)	လူသွားလမ်း	lu dhwa: lan:
puente (m)	တံတား	dada:
muelle (m)	ကမ်းနားတမံ	kan: na: da. man
fuente (f)	ရေပန်း	jei ban:
alameda (f)	ရိပ်သာလမ်း	jei' tha lan:
parque (m)	ပန်းခြံ	pan: gjan
bulevar (m)	လမ်းဂျယ်	lan: ge
plaza (f)	ရင်ပြင်	jin bjin
avenida (f)	လမ်းမကြီး	lan: mi. gji:
calle (f)	လမ်း	lan:
callejón (m)	လမ်းသွယ်	lan: dhwe
callejón (m) sin salida	လမ်းဆုံး	lan: zoun:
casa (f)	အိမ်	ein
edificio (m)	အဆောက်အဦ	ahsau' au
rascacielos (m)	မိုးမျှော်တိုက်	mou: hmjo tou'
fachada (f)	အိမ်ရှေ့နံရံ	ein shei. nan jan
techo (m)	အမိုး	amou:
ventana (f)	ပြတင်းပေါက်	badin: pau'
arco (m)	မုခ်ဝ	mou' wa.
columna (f)	တိုင်	tain
esquina (f)	ထောင့်	htaun.
escaparate (f)	ဆိုင်ရှေ့ပစ္စည်း အခင်းအကျင်း	hseun shei. bji' si: akhin: akjin:
letrero (m) (~ luminoso)	ဆိုင်းဘုတ်	hsain: bou'

cartel (m)	ပိုစတာ	pou sata
cartel (m) publicitario	ကြော်ငြာပိုစတာ	kjo nja bou sata
valla (f) publicitaria	ကြော်ငြာဆိုင်းဘုတ်	kjo nja zain: bou'

basura (f)	အမှိုက်	ahmai'
cajón (m) de basura	အမှိုက်ပုံး	ahmai' poun:
tirar basura	လွှင့်ပစ်သည်	hlwin. bi' te
basurero (m)	အမှိုက်ပုံ	ahmai' poun

cabina (f) telefónica	တယ်လီဖုန်းဆက်ရန်နေရာ	te li hpoun: ze' jan nei ja
farola (f)	လမ်းမီး	lan: mi:
banco (m) (del parque)	ခုံတန်းရှည်	khoun dan: shei

policía (m)	ရဲ	je:
policía (f) (~ nacional)	ရဲ	je:
mendigo (m)	သူတောင်းစား	thu daun: za:
persona (f) sin hogar	အိမ်ယာမဲ့	ein ja me.

29. Las instituciones urbanas

tienda (f)	ဆိုင်	hsain
farmacia (f)	ဆေးဆိုင်	hsei: zain
óptica (f)	မျက်မှန်ဆိုင်	mje' hman zain
centro (m) comercial	ရေးဝင်စင်တာ	zei: wun zin da
supermercado (m)	ကုန်တိုက်ကြီး	koun dou' kji:

panadería (f)	မုန့်တိုက်	moun. dai'
panadero (m)	ပေါင်မုန့်ဖုတ်သူ	paun moun. bou' dhu
pastelería (f)	မုန့်ဆိုင်	moun. zain
tienda (f) de comestibles	ကုန်စုံဆိုင်	koun zoun zain
carnicería (f)	အသားဆိုင်	atha: ain

| verdulería (f) | ဟင်းသီးဟင်းရွက်ဆိုင် | hin: dhi: hin: jwe' hsain |
| mercado (m) | ဈေး | zei: |

cafetería (f)	ကော်ဖီဆိုင်	ko hpi zain
restaurante (m)	စားသောက်ဆိုင်	sa: thau' hsain
cervecería (f)	ဘီယာဆိုင်	bi ja zain:
pizzería (f)	ပီဇာမုန့်ဆိုင်	pi za moun. zain

peluquería (f)	ဆံပင်ညှပ်ဆိုင်	zain hnja' hsain
oficina (f) de correos	စာတိုက်	sa dai'
tintorería (f)	အဝတ်အချော်ကြော်လျော်လုပ်ငန်း	awu' achou' hlo: lou' ngan:
estudio (m) fotográfico	ဓာတ်ပုံရိုက်ခန်း	da' poun jai' khan:

zapatería (f)	ဖိနပ်ဆိုင်	hpana' sain
librería (f)	စာအုပ်ဆိုင်	sa ou' hsain
tienda (f) deportiva	အားကစားပစ္စည်းဆိုင်	a: gaza: pji' si: zain

arreglos (m pl) de ropa	စက်ပြင်ဆိုင်	se' pjin zain
alquiler (m) de ropa	ဝတ်စုံအငှားဆိုင်	wa' zoun ahnga: zain
videoclub (m)	အခွေငှားဆိုင်	akhwei hnga: zain:
circo (m)	ဆပ်ကပ်	hsa' ka'
zoológico (m)	တိရစ္ဆာန်ဥယျာဉ်	tharei' hsan u. jin

cine (m)	ရုပ်ရှင်ရုံ	jou' shin joun
museo (m)	ပြတိုက်	pja. dai'
biblioteca (f)	စာကြည့်တိုက်	sa gji. dai'

teatro (m)	ကဇာတ်ရုံ	ka. za' joun
ópera (f)	အော်ပရာဇာတ်ရုံ	o pa ra za' joun
club (m) nocturno	နိုက်ကလပ်	nai' ka. la'
casino (m)	လောင်းကစားရုံ	laun: gaza: joun

mezquita (f)	ဗလီ	bali
sinagoga (f)	ရှဟူဒီဘုရား ရှိုးကျောင်း	ja. hu di bu. ja: shi. gou: gjaun:
catedral (f)	ဘုရားရှိုးကျောင်းတော်	hpaja: gjaun: do:
templo (m)	ဘုရားကျောင်း	hpaja: gjaun:
iglesia (f)	ဘုရားကျောင်း	hpaja: gjaun:

instituto (m)	တက္ကသိုလ်	te' kathou
universidad (f)	တက္ကသိုလ်	te' kathou
escuela (f)	စာသင်ကျောင်း	sa dhin gjaun:

prefectura (f)	စီရင်စုနယ်	si jin zu. ne
alcaldía (f)	မြို့တော်ခန်းမ	mjou. do gan: ma.
hotel (m)	ဟိုတယ်	hou te
banco (m)	ဘဏ်	ban

embajada (f)	သံရုံး	than joun:
agencia (f) de viajes	ခရီးသွားလုပ်ငန်း	khaji: thwa: lou' ngan:
oficina (f) de información	သတင်းအချက်အလက်ဌာန	dhadin: akje' ale' hta. na.
oficina (f) de cambio	ငွေလဲရန်နေရာ	ngwei le: jan nei ja

| metro (m) | မြေအောက်ဉမင်လမ်း | mjei au' u. min lan: |
| hospital (m) | ဆေးရုံ | hsei: joun |

| gasolinera (f) | ဆီဆိုင် | hsi: zain |
| aparcamiento (m) | ကားပါကင် | ka: pa kin |

30. Los avisos

letrero (m) (~ luminoso)	ဆိုင်းဘုတ်	hsain: bou'
cartel (m) (texto escrito)	သတိပေးစာ	dhadi. pei za
pancarta (f)	ပိုစတာ	pou sata
señal (m) de dirección	လမ်းညွှန်	lan: hnjun
flecha (f) (signo)	လမ်းညွှန်မြား	lan: hnjun hmja:

advertencia (f)	သတိပေးခြင်း	dhadi. pei gjin:
aviso (m)	သတိပေးချက်	dhadi. pei gje'
advertir (vt)	သတိပေးသည်	dhadi. pei de

día (m) de descanso	ရုံးပိတ်ရက်	joun: bei' je'
horario (m)	အချိန်ဇယား	achein zaja:
horario (m) de apertura	ဖွင့်ချိန်	hpwin. gjin

| ¡BIENVENIDOS! | ကြိုဆိုပါသည် | kjou hsou ba de |
| ENTRADA | ဝင်ပေါက် | win bau' |

SALIDA	ထွက်ပေါက်	htwe' pau'
EMPUJAR	တွန်းသည်	tun: de
TIRAR	ဆွဲသည်	hswe: de
ABIERTO	ဖွင့်သည်	hpwin. de
CERRADO	ပိတ်သည်	pei' te
MUJERES	အမျိုးသမီးသုံး	amjou: dhami: dhoun:
HOMBRES	အမျိုးသားသုံး	amjou: dha: dhoun:
REBAJAS	လျှော့ဈေး	sho. zei:
SALDOS	လျှော့ဈေး	sho. zei:
NOVEDAD	အသစ်	athi'
GRATIS	အခမဲ့	akha me.
¡ATENCIÓN!	သတိ	thadi.
COMPLETO	အလွတ်မရှိ	alu' ma shi.
RESERVADO	ကြိုတင်မှာယူထားပြီး	kjou tin hma ju da: bji:
ADMINISTRACIÓN	စီမံအုပ်ချုပ်ခြင်း	si man ou' chou' chin:
SÓLO PERSONAL AUTORIZADO	အမှုထမ်းအတွက်အသာ	ahmu. htan: atwe' atha
CUIDADO CON EL PERRO	ခွေးကိုက်တတ်သည်	khwei: kai' ta' te
PROHIBIDO FUMAR	ဆေးလိပ်မသောက်ရ	hsei: lei' ma. dhau' ja.
NO TOCAR	မထိရ	ma. di. ja.
PELIGROSO	အန္တရာယ်ရှိသည်	an dare shi. de.
PELIGRO	အန္တရာယ်	an dare
ALTA TENSIÓN	ဗို့အားပြင်း	bou. a: bjin:
PROHIBIDO BAÑARSE	ရေမကူးရ	jei ma. gu: ja.
NO FUNCIONA	ပျက်နေသည်	pje' nei de
INFLAMABLE	မီးလောင်တတ်သည်	mi: laun da' te
PROHIBIDO	တားမြစ်သည်	ta: mji' te
PROHIBIDO EL PASO	မကျူးကျော်ရ	ma. gju: gjo ja
RECIÉN PINTADO	ဆေးမခြောက်သေး	hsei: ma. gjau' dhei:

31. Las compras

comprar (vt)	ဝယ်သည်	we de
compra (f)	ဝယ်စရာ	we zaja
hacer compras	ဈေးဝယ်ထွက်ခြင်း	zei: we htwe' chin:
compras (f pl)	ရှော့ပင်း	sho. bin:
estar abierto (tienda)	ဆိုင်ဖွင့်သည်	hsain bwin. de
estar cerrado	ဆိုင်ပိတ်သည်	hseun bi' te
calzado (m)	ဖိနပ်	hpana'
ropa (f)	အဝတ်အစား	awu' aza:
cosméticos (m pl)	အလှကုန်ပစ္စည်း	ahla. koun pji' si:
productos alimenticios	စားသောက်ကုန်	sa: thau' koun
regalo (m)	လက်ဆောင်	le' hsaun
vendedor (m)	ရောင်းသူ	jaun: dhu
vendedora (f)	ရောင်းသူ	jaun: dhu

caja (f)	ငွေရှင်းရန်နေရာ	ngwei shin: jan nei ja
espejo (m)	မှန်	hman
mostrador (m)	ကောင်တာ	kaun da
probador (m)	အဝတ်လဲခန်း	awu' le: gan:
probar (un vestido)	တိုင်းကြည့်သည်	tain: dhi. de
quedar (una ropa, etc.)	သင့်တော်သည်	thin. do de
gustar (vi)	ကြိုက်သည်	kjai' de
precio (m)	ဈေးနှန်း	zei: hnan:
etiqueta (f) de precio	ဈေးနှန်းကတ်ပြား	zei: hnan: ka' pja:
costar (vt)	ကုန်ကျသည်	koun mja. de
¿Cuánto?	ဘယ်လောက်လဲ	be lau' le:
descuento (m)	လျော့ဈေး	sho. zei:
no costoso (adj)	ဈေးမကြီးသော	zei: ma. kji: de.
barato (adj)	ဈေးပေါသော	zei: po: de.
caro (adj)	ဈေးကြီးသော	zei: kji: de.
Es caro	ဒါဈေးကြီးတယ်	da zei: gji: de
alquiler (m)	ငှားရမ်းခြင်း	hna: jan: chin:
alquilar (vt)	ငှားရမ်းသည်	hna: jan: de
crédito (m)	အကြွေးစနစ်	akjwei: sani'
a crédito (adv)	အကြွေးစနစ်ဖြင့်	akjwei: sa ni' hpjin.

LA ROPA Y LOS ACCESORIOS

32. La ropa exterior. Los abrigos

ropa (f)	အဝတ်အစား	awu' aza:
ropa (f) de calle	အပေါ်ဝတ်အက	apo we' in: gji
ropa (f) de invierno	ဆောင်းတွင်းဝတ်အဝတ်အစား	hsaun: dwin: wu' awu' asa:
abrigo (m)	ကုတ်အက္ရုပ်ရည်	kou' akji shi
abrigo (m) de piel	သားမွေးအနွေးထည်	tha: mwei: anwei: de
abrigo (m) corto de piel	အမွေးပွအပေါ်အက	ahmwei pwa po akji.
chaqueta (f) plumón	ငှက်မွေးကုတ်အက	hnge' hmwei: kou' akji.
cazadora (f)	အပေါ်အက	apo akji.
impermeable (m)	မိုးကာအက	mou: ga akji
impermeable (adj)	ရေလုံသော	jei loun de.

33. Ropa de hombre y mujer

camisa (f)	ရှပ်အက	sha' in gji
pantalones (m pl)	ဘောင်းဘီ	baun: bi
jeans, vaqueros (m pl)	ဂျင်းဘောင်းဘီ	gjin: bain: bi
chaqueta (f), saco (m)	အပေါ်အက	apo akji.
traje (m)	အနောက်တိုင်းဝတ်စုံ	anau' tain: wu' saun
vestido (m)	ဂါဝန်	ga wun
falda (f)	စကတ်	saka'
blusa (f)	ဘလောက်စ်အက	ba. lau' s in: gji
rebeca (f), chaqueta (f) de punto	ကြယ်သီးပါသော အနွေးထည်	kje dhi: ba de. anwei: dhe
chaqueta (f)	အပေါ်ဖုံးအက	apo hpoun akji.
camiseta (f) (T-shirt)	တီရှပ်	ti shi'
pantalones (m pl) cortos	ဘောင်းဘီတို	baun: bi dou
traje (m) deportivo	အားကစားဝတ်စုံ	a: gaza: wu' soun
bata (f) de baño	ရေချိုးခန်းဝတ်စုံ	jei gjou: gan: wu' soun
pijama (m)	ညအိပ်ဝတ်စုံ	nja a' wu' soun
suéter (m)	ဆွယ်တာ	hswe da
pulóver (m)	ဆွယ်တာ	hswe da
chaleco (m)	ဝစ်ကုတ်	wi' kou'
frac (m)	တေးလ်ကုတ်အက	tei: l kou' in: gji
esmoquin (m)	ညစာစားပွဲဝတ်စုံ	nja. za za: bwe: wu' soun
uniforme (m)	တူညီဝတ်စုံ	tu nji wa' soun
ropa (f) de trabajo	အလုပ်ဝင် ဝတ်စုံ	alou' win wu' zoun
mono (m)	စက်ရုံဝတ်စုံ	se' joun wu' soun
bata (f) (p. ej. ~ blanca)	ဂျူတ်ကုတ်	gju di gou'

34. La ropa. La ropa interior

ropa (f) interior	အတွင်းခံ	atwin: gan
bóxer (m)	ယောက်ျားဝတ်အတွင်းခံ	jau' kja: wu' atwin: gan
bragas (f pl)	မိန်းကလေးဝတ်အတွင်းခံ	mein: galei: wa' atwin: gan
camiseta (f) interior	စွပ်ကျယ်	su' kje
calcetines (m pl)	ခြေအိတ်များ	chei ei' mja:

camisón (m)	ညအိပ်ဂါဝန်ရှည်	nja a' ga wun she
sostén (m)	ဘရာစီယာ	ba ra si ja
calcetines (m pl) altos	ခြေအိတ်ရှည်	chei ei' shi
pantimedias (f pl)	အသားကပ်-ဘောင်းဘီရှည်	atha: ka' baun: bi shei
medias (f pl)	စတော့ကင်	sato. kin
traje (m) de baño	ရေကူးဝတ်စုံ	jei ku: wa' zoun

35. Gorras

gorro (m)	ဦးထုပ်	u: htou'
sombrero (m) de fieltro	ဦးထုပ်ပျော့	u: htou' pjo.
gorra (f) de béisbol	ရှာထိုးဦးထုပ်	sha dou: u: dou'
gorra (f) plana	လူကြီးဆောင်းဦးထုပ်ပြား	lu gji: zaun: u: dou' pja:

boina (f)	ဘယ်ရီဦးထုပ်	be ji u: htu'
capuchón (m)	အကျီတွင်ပါသော ခေါင်းစွပ်	akji. twin pa dho: gaun: zu'
panamá (m)	ဦးထုပ်အဝိုင်း	u: htou' awain:
gorro (m) de punto	သိုးမွေးခေါင်းစွပ်	thou: mwei: gaun: zu'

pañuelo (m)	ခေါင်းစည်းပုဝါ	gaun: zi: bu. wa
sombrero (m) de mujer	အမျိုးသမီးဆောင်းဦးထုပ်	amjou: dhami: zaun: u: htou'

casco (m) (~ protector)	ဦးထုပ်အမာ	u: htou' ama
gorro (m) de campaña	တပ်မတော်သုံးဦးထုပ်	ta' mado dhoun: u: dou'
casco (m) (~ de moto)	အမာစားဦးထုပ်	ama za: u: htou'

bombín (m)	ဦးထုပ်လုံး	u: htou' loun:
sombrero (m) de copa	ဦးထုပ်မြင့်	u: htou' mjin.

36. El calzado

calzado (m)	ဖိနပ်	hpana'
botas (f pl)	ရှူးဖိနပ်	shu: hpi. na'
zapatos (m pl) (~ de tacón bajo)	မိန်းကလေးစီးရှူးဖိနပ်	mein: galei: zi: shu: bi. na'
botas (f pl) altas	လည်ရှည်ဖိနပ်	le she bi. na'
zapatillas (f pl)	အိမ်တွင်းစီးကွင်းထိုးဖိနပ်	ein dwin:

tenis (m pl)	အားကစားဖိနပ်	a: gaza: bana'
zapatillas (f pl) de lona	ပတ္တူဖိနပ်	pa' tu bi. na'
sandalias (f pl)	ကြိုးသိုင်းဖိနပ်	kjou: dhain: bi. na'
zapatero (m)	ဖိနပ်ချုပ်သမား	hpana' chou' tha ma:
tacón (m)	ဒေါက်	dau'

par (m)	အစပ်	asoun.
cordón (m)	ဖိနပ်ကြိုး	hpana' kjou:
encordonar (vt)	ဖိနပ်ကြိုးချည်သည်	hpana' kjou: gjin de
calzador (m)	ဖိနပ်ပိစရာထွင်သုံး သည့် ဖိနပ်ကော်ဘီ	hpana' si: ja dhwin dhoun: dhin. hpana' ko
betún (m)	ဖိနပ်တိုက်ဆေး	hpana' tou' hsei:

37. Accesorios personales

guantes (m pl)	လက်အိတ်	lei' ei'
manoplas (f pl)	နှစ်ကန့်လက်အိတ်	hni' kan. le' ei'
bufanda (f)	မာဖလာ	ma ba. la

gafas (f pl)	မျက်မှန်	mje' hman
montura (f)	မျက်မှန်ကိုင်း	mje' hman gain:
paraguas (m)	ထီး	hti:
bastón (m)	တုတ်ကောက်	tou' kau'
cepillo (m) de pelo	ခေါင်းဘီး	gaun: bi:
abanico (m)	ပန်ကန်	pan gan

corbata (f)	လည်စည်း	le zi:
pajarita (f)	ဖဲပြားပုံလည်စည်း	hpe' bja: boun le zi:
tirantes (m pl)	ဘောင်းဘီသိုင်းကြိုး	baun: bi dhain: gjou:
moquero (m)	လက်ကိုင်ပုဝါ	le' kain bu. wa

peine (m)	ဘီး	bi:
pasador (m) de pelo	ဆံညှပ်	hsan hnja'
horquilla (f)	ကလစ်	kali'
hebilla (f)	ခါးပတ်ခေါင်း	kha: ba' khaun:

| cinturón (m) | ခါးပတ် | kha: ba' |
| correa (f) (de bolso) | ပုခုံးသိုင်းကြိုး | pu. goun: dhain: gjou: |

bolsa (f)	လက်ကိုင်အိတ်	le' kain ei'
bolso (m)	မိန်းကလေးပုံးလွယ်အိတ်	mein: galei: bou goun: lwe ei'
mochila (f)	ကျောပိုးအိတ်	kjo: bou: ei'

38. La ropa. Miscelánea

moda (f)	ဖက်ရှင်	hpe' shin
de moda (adj)	ခေတ်မီသော	khi' mi de.
diseñador (m) de moda	ဖက်ရှင်ဒီဇိုင်နာ	hpe' shin di zain na

cuello (m)	အကျီကော်လာ	akji. ko la
bolsillo (m)	အိတ်ကပ်	ei' ka'
de bolsillo (adj)	အိတ်ဆောင်	ei' hsaun
manga (f)	အကျီလက်	akji. le'
presilla (f)	အကျီချိတ်ကွင်း	akji. gjei' kwin:
bragueta (f)	ဘောင်းဘီလျှာဆက်	baun: bi ja ze'

| cremallera (f) | ဇစ် | zi' |
| cierre (m) | ချိတ်စရာ | che' zaja |

botón (m)	ကျယ်သီး	kje dhi:
ojal (m)	ကျယ်သီးပေါက်	kje dhi: bau'
saltar (un botón)	ပျုတ်ထွက်သည်	pjou' htwe' te
coser (vi, vt)	စက်ချုပ်သည်	se' khjou' te
bordar (vt)	ပန်းထိုးသည်	pan: dou: de
bordado (m)	ပန်းထိုးခြင်း	pan: dou: gjin:
aguja (f)	အပ်	a'
hilo (m)	အပ်ချည်	a' chi
costura (f)	ချုပ်ရိုး	chou' jou:
ensuciarse (vr)	ညစ်ပေသွားသည်	nji' pei dhwa: de
mancha (f)	အစွန်းအထင်း	aswan: ahtin:
arrugarse (vr)	တွန့်ကြေစေသည်	tun. gjei zei de
rasgar (vt)	ပေါက်ပြဲသွားသည်	pau' pje: dhwa: de
polilla (f)	အဝတ်ပိုးဖလံ	awu' pou: hpa. lan

<h2>39. Productos personales. Cosméticos</h2>

pasta (f) de dientes	သွားတိုက်ဆေး	thwa: tai' hsei:
cepillo (m) de dientes	သွားတိုက်တံ	thwa: tai' tan
limpiarse los dientes	သွားတိုက်သည်	thwa: tai' te
maquinilla (f) de afeitar	သင်တုန်းဓား	thin toun: da:
crema (f) de afeitar	မုတ်ဆိတ်ရိတ် ဆပ်ပြာ	mou' zei' jei' hsa' pja
afeitarse (vr)	ရိတ်သည်	jei' te
jabón (m)	ဆပ်ပြာ	hsa' pja
champú (m)	ခေါင်းလျှော်ရည်	gaun: sho je
tijeras (f pl)	ကတ်ကြေး	ka' kjei:
lima (f) de uñas	လက်သည်းတိုက်တံစဉ်း	le' the:
cortaúñas (m pl)	လက်သည်းညှပ်	le' the: hnja'
pinzas (f pl)	ဇာဂနာ	za ga. na
cosméticos (m pl)	အလှကုန်ပစ္စည်း	ahla. koun pji' si:
mascarilla (f)	မျက်နှာပေါင်းတင်ခြင်း	mje' hna baun: din gjin:
manicura (f)	လက်သည်းအလှပြင်ခြင်း	le' the: ahla bjin gjin
hacer la manicura	လက်သည်းအလှပြင်သည်	le' the: ahla bjin de
pedicura (f)	ခြေသည်းအလှပြင်သည်	chei dhi: ahla. pjin de
bolsa (f) de maquillaje	မိတ်ကပ်အိတ်	mi' ka' ei'
polvos (m pl)	ပေါင်ဒါ	paun da
polvera (f)	ပေါင်ဒါဘူး	paun da bu:
colorete (m), rubor (m)	ပါးနီ	pa: ni
perfume (m)	ရေမွှေး	jei mwei:
agua (f) de tocador	ရေမွှေး	jei mwei:
loción (f)	လိုရှင်း	lou shin:
agua (f) de Colonia	အော်ဒီကလုန်းရေမွှေး	o di ka lun: jei mwei:
sombra (f) de ojos	မျက်ခွံဆိုးဆေး	mje' khwan zou: zei:
lápiz (m) de ojos	အိုင်းလိုင်နာတောင့်	ain: lain: na daun.
rímel (m)	မျက်တောင်ခြယ်ဆေး	mje' taun gje zei:

pintalabios (m)	နုတ်ခမ်းနီ	hna' khan: ni
esmalte (m) de uñas	လက်သည်းဆိုးဆေး	le' the: azou: zei:
fijador (m) para el pelo	ဆံပင်သုံး ပဝရေး	zabin dhoun za. ba. jei:
desodorante (m)	ချွေးနံ့ပျောက်ဆေး	chwei: nan. bjau' hsei:

crema (f)	ခရင်မ်	khajin m
crema (f) de belleza	မျက်နှာခရင်မ်	mje' hna ga. jin m
crema (f) de manos	ဟန့်ခရင်မ်	han kha. rin m
crema (f) antiarrugas	အသားခြောက်ကာကွယ်ဆေး	atha: gjau' ka gwe zei:
crema (f) de día	နေ့လိမ်းခရင်မ်	nei. lein: ga jin'm
crema (f) de noche	ညလိမ်းခရင်မ်	nja lein: khajinm
de día (adj)	နေ့လယ်ဘက်သုံးသော	nei. le be' thoun: de.
de noche (adj)	ညဘက်သုံးသော	nja. be' thoun: de.

tampón (m)	အတောင့်	ataun.
papel (m) higiénico	အိမ်သာသုံးစက္ကူ	ein dha dhoun: se' ku
secador (m) de pelo	ဆံပင်အခြောက်ခံစက်	zabin achou' hsan za'

40. Los relojes

reloj (m)	နာရီ	na ji
esfera (f)	နာရီဒိုက်ရွက်	na ji dai' hpwe'
aguja (f)	နာရီလက်တံ	na ji le' tan
pulsera (f)	နာရီကြိုး	na ji gjou:
correa (f) (del reloj)	နာရီကြိုး	na ji gjou:

pila (f)	ဓာတ်ခဲ	da' khe:
descargarse (vr)	အားကုန်သည်	a: kun de
cambiar la pila	ဘတ်ထရီလဲသည်	ba' hta ji le: de
adelantarse (vr)	မြန်သည်	mjan de
retrasarse (vr)	နောက်ကျသည်	nau' kja. de

reloj (m) de pared	တိုင်ကပ်နာရီ	tain ka' na ji
reloj (m) de arena	သဲနာရီ	the: naji
reloj (m) de sol	နေနာရီ	nei na ji
despertador (m)	နှိုးစက်	hnou: ze'
relojero (m)	နာရီပြင်ဆရာ	ma ji bjin zaja
reparar (vt)	ပြင်သည်	pjin de

LA EXPERIENCIA DIARIA

41. El dinero

dinero (m)	ပိုက်ဆံ	pai' hsan
cambio (m)	လဲလှယ်ခြင်း	le: hle gjin:
curso (m)	ငွေလဲနှုန်း	ngwei le: hnan:
cajero (m) automático	အလိုအလျောက်ငွေထုတ်စက်	alou aljau' ngwei htou' se'
moneda (f)	အကြွေစေ့	akjwei zei.
dólar (m)	ဒေါ်လာ	do la
euro (m)	ယူရို	ju rou
lira (f)	အီတလီ လိုင်ရာငွေ	ita. li lain ja ngwei
marco (m) alemán	ဂျာမန်မတ်ငွေ	gja man ma' ngwei
franco (m)	ဖရန့်.	hpa. jan.
libra esterlina (f)	စတာလင်ပေါင်	sata lin baun
yen (m)	ယန်း	jan:
deuda (f)	အကြွေး	akjwei:
deudor (m)	မြီစား	mji za:
prestar (vt)	ရေးသည်	chei: de
tomar prestado	အကြွေးယူသည်	akjwei: ju de
banco (m)	ဘဏ်	ban
cuenta (f)	ငွေစာရင်း	ngwei za jin:
ingresar (~ en la cuenta)	ထည့်သည်	hte de.
ingresar en la cuenta	ငွေသွင်းသည်	ngwei dhwin: de
sacar de la cuenta	ငွေထုတ်သည်	ngwei dou' te
tarjeta (f) de crédito	အကြွေးဝယ်ကဒ်ပြား	akjwei: we ka' pja
dinero (m) en efectivo	လက်ငင်း	le' ngin:
cheque (m)	ချက်	che'
sacar un cheque	ချက်ရေးသည်	che' jei: de
talonario (m)	ချက်စာအုပ်	che' sa ou'
cartera (f)	ပိုက်ဆံအိတ်	pai' hsan ei'
monedero (m)	ပိုက်ဆံအိတ်	pai' hsan ei'
caja (f) fuerte	မီးခံသေတ္တာ	mi: gan dhi' ta
heredero (m)	အမွေစားအမွေခံ	amwei za: amwei gan
herencia (f)	အမွေဆက်ခံခြင်း	amwei ze' khan gjin:
fortuna (f)	အခွင့်အလမ်း	akhwin. alan:
arriendo (m)	အိမ်ငှါး	ein hnga:
alquiler (m) (dinero)	အခန်းငှါးခ	akhan: hnga: ga
alquilar (~ una casa)	ငှါးသည်	hnga: de
precio (m)	ဈေးနှုန်း	zei: hnan:
coste (m)	ကုန်ကျစရိတ်	koun gja. za. ji'

suma (f)	ပေါင်းလဒ်	paun: la'
gastar (vt)	သုံးစွဲသည်	thoun: zwe: de
gastos (m pl)	စရိတ်စက	zaei' zaga.
economizar (vi, vt)	ချွေတာသည်	chwei da de
económico (adj)	တွက်ခြေကိုက်သော	twe' chei kai' te.

pagar (vi, vt)	ပေးချေသည်	pei: gjei de
pago (m)	ပေးချေသည့်ငွေ	pei: gjei de. ngwei
cambio (m) (devolver el ~)	ပြန်အမ်းငွေ	pjan an: ngwe

impuesto (m)	အခွန်	akhun
multa (f)	ဒဏ်ငွေ	dan ngwei
multar (vt)	ဒဏ်ရိုက်သည်	dan jai' de

42. La oficina de correos

oficina (f) de correos	စာတိုက်	sa dai'
correo (m) (cartas, etc.)	မေးလ်	mei: l
cartero (m)	စာပို့သမား	sa bou. dhama:
horario (m) de apertura	ဖွင့်ချိန်	hpwin. gjin

carta (f)	စာ	sa
carta (f) certificada	မှတ်ပုံတင်ပြီးသောစာ	hma' poun din bji: dho: za:
tarjeta (f) postal	ပို့စကဒ်	pou. sa. ka'
telegrama (m)	ကြေးနန်း	kjei: nan:
paquete (m) postal	ပါဆယ်	pa ze
giro (m) postal	ငွေလွှဲခြင်း	ngwei hlwe: gjin:

recibir (vt)	လက်ခံရရှိသည်	le' khan ja. shi. de
enviar (vt)	ပို့သည်	pou. de
envío (m)	ပို့ခြင်း	pou. gjin:
dirección (f)	လိပ်စာ	lei' sa
código (m) postal	စာပို့သင်္ကေတ	sa bou dhin kei ta.
expedidor (m)	ပို့သူ	pou. dhu
destinatario (m)	လက်ခံသူ	le' khan dhu

nombre (m)	အမည်	amji
apellido (m)	မိသားစု မျိုးရိုးနာမည်	mi. dha: zu. mjou: jou: na mji
tarifa (f)	စာပို့ခ နှုန်းထား	sa bou. kha. hnan: da:
ordinario (adj)	စံနှုန်းသတ်မှတ်ထားသော	san hnoun: dha' hma' hta: de.
económico (adj)	ကုန်ကျငွေသက်သာသော	koun gja ngwe dhe' dha de.

peso (m)	အလေးချိန်	alei: gjein
pesar (~ una carta)	ချိန်သည်	chein de
sobre (m)	စာအိတ်	sa ei'
sello (m)	တံဆိပ်ခေါင်း	da zei' khaun:
poner un sello	တံဆိပ်ခေါင်းကပ်သည်	da zei' khaun: ka' te

43. La banca

banco (m)	ဘဏ်	ban
sucursal (f)	ဘဏ်ခွဲ	ban gwe:

| consultor (m) | အတိုင်ပင်ခံပုဂ္ဂိုလ် | atain bin gan bou' gou |
| gerente (m) | မန်နေဂျာ | man nei gji |

cuenta (f)	ဘဏ်ငွေစာရင်း	ban ngwei za jin
numero (m) de la cuenta	ဘဏ်စာရင်းနံပါတ်	ban zajin: nan. ba'
cuenta (f) corriente	ဘဏ်စာရင်းရှင်	ban zajin: shin
cuenta (f) de ahorros	ဘဏ်ငွေစုစာရင်း	ban ngwei zu. za jin

abrir una cuenta	ဘဏ်စာရင်းဖွင့်သည်	ban zajin: hpwin. de
cerrar la cuenta	ဘဏ်စာရင်းပိတ်သည်	ban zajin: bi' te
ingresar en la cuenta	ငွေသွင်းသည်	ngwei dhwin: de
sacar de la cuenta	ငွေထုတ်သည်	ngwei dou' te

depósito (m)	အပ်ငွေ	a' ngwei
hacer un depósito	ငွေအပ်သည်	ngwei a' te
giro (m) bancario	ကြေးနန်းဖြင့်ငွေလွှဲခြင်း	kjei: nan: bjin. ngwe hlwe: gjin
hacer un giro	ကြေးနန်းဖြင့်ငွေလွှဲသည်	kjei: nan: bjin. ngwe hlwe: de

| suma (f) | ပေါင်းလဒ် | paun: la' |
| ¿Cuánto? | ဘယ်လောက်လဲ | be lau' le: |

| firma (f) (nombre) | လက်မှတ် | le' hma' |
| firmar (vt) | လက်မှတ်ထိုးသည် | le' hma' htou: de |

tarjeta (f) de crédito	အကြွေးဝယ်ကဒ်-ခရက်ဒစ်ကဒ်	achwei: we ka' - ka' je' da' ka'
código (m)	ကုဒ်နံပါတ်	kou' nan ba'
número (m) de tarjeta de crédito	ခရက်ဒစ်ကဒ်နံပါတ်	kha. je' di' ka' nan ba'
cajero (m) automático	အလိုအလျောက်ငွေထုတ်စက်	alou aljau' ngwei htou' se'

cheque (m)	ချက်လက်မှတ်	che' le' hma'
sacar un cheque	ချက်ရေးသည်	che' jei: de
talonario (m)	ချက်စာအုပ်	che' sa ou'

crédito (m)	ချေးငွေ	chei: ngwei
pedir el crédito	ချေးငွေလျှောက်လွှာတင်သည်	chei: ngwei shau' hlwa din de
obtener un crédito	ချေးငွေရယူသည်	chei: ngwei ja. ju de
conceder un crédito	ချေးငွေထုတ်ပေးသည်	chei: ngwei htou' pei: de
garantía (f)	အာမခံပစ္စည်း	a ma. gan bji' si:

44. El teléfono. Las conversaciones telefónicas

teléfono (m)	တယ်လီဖုန်း	te li hpoun:
teléfono (m) móvil	မိုဘိုင်းဖုန်း	mou bain: hpoun:
contestador (m)	ဖုန်းဖြေစက်	hpoun: du: ze'

| llamar, telefonear | ဖုန်းဆက်သည် | hpoun: ze' te |
| llamada (f) | အဝင်ဖုန်း | awin hpun: |

marcar un número	နံပါတ် နှိပ်သည်	nan ba' hnei' te
¿Sí?, ¿Dígame?	ဟလို	ha. lou
preguntar (vt)	မေးသည်	mei: de
responder (vi, vt)	ဖြေသည်	hpjei de

oír (vt)	ကြားသည်	ka: de
bien (adv)	ကောင်းကောင်း	kaun: gaun:
mal (adv)	အရမ်းမကောင်း	ajan: ma. gaun:
ruidos (m pl)	ဖြတ်ဝင်သည့်ဆူညံသံ	hpja' win dhi. zu njan dhan
auricular (m)	တယ်လီဖုန်းနားကြပ်ပိုင်း	te li hpoun: na: gja' pain:
descolgar (el teléfono)	ဖုန်းကောက်ကိုင်သည်	hpoun: gau' gain de
colgar el auricular	ဖုန်းချသည်	hpoun: gja de
ocupado (adj)	လိုင်းမအားသော	lain: ma. a: de.
sonar (teléfono)	မြည်သည်	mji de
guía (f) de teléfonos	တယ်လီဖုန်းလမ်းညွှန်စာအုပ်	te li hpoun: lan: hnjun za ou'
local (adj)	ပြည်တွင်းဒေသတွင်းဖြစ်သော	pji dwin: dei. dha dwin: bji' te.
llamada (f) local	ပြည်တွင်းခေါ် ဆိုမှု	pji dwin: go zou hmu.
de larga distancia	အဝေးခေါ် ဆိုနိုင်သော	awei: go zou nain de.
llamada (f) de larga distancia	အဝေးခေါ် ဆိုမှု	awei: go zou hmu.
internacional (adj)	အပြည်ပြည်ဆိုင်ရာဖြစ်သော	apji pji zain ja bja' de.
llamada (f) internacional	အပြည်ပြည်ဆိုင်ရာခေါ် ဆိုမှု	apji pji zain ja go: zou hmu

45. El teléfono celular

teléfono (m) móvil	မိုဘိုင်းဖုန်း	mou bain: hpoun:
pantalla (f)	ပြသခြင်း	pja. dha. gjin:
botón (m)	ခလုတ်	khalou'
tarjeta SIM (f)	ဆင်းကဒ်	hsin: ka'
pila (f)	ဘတ်ထရီ	ba' hta ji
descargarse (vr)	ဖုန်းအားကုန်သည်	hpoun: a: goun: de
cargador (m)	အားသွင်းကြိုး	a: dhwin: gjou:
menú (m)	အစားအသောက်စာရင်း	asa: athau' sa jin:
preferencias (f pl)	ရှိန့်လိုခြင်း	chein hnji. chin:
melodía (f)	တီးလုံး	ti: loun:
seleccionar (vt)	ရွေးချယ်သည်	jwei: che de
calculadora (f)	ဂဏန်းပေါင်းစက်	ganan: baun: za'
contestador (m)	အသံမေးလ်	athan mei:l
despertador (m)	နှိုးစက်	hnou: ze'
contactos (m pl)	ဖုန်းအဆက်အသွယ်များ	hpoun: ase' athwe mja:
mensaje (m) de texto	မက်ဆေ့ဂျ်	me' zei. gja
abonado (m)	အသုံးပြုသူ	athoun: bju. dhu

46. Los artículos de escritorio. La papelería

bolígrafo (m)	ဘောပင်	bo pin
pluma (f) estilográfica	ဖောင်တိန်	hpaun din
lápiz (m)	ခဲတံ	khe: dan
marcador (m)	အရောင်တောက်မင်တံ	ajaun dau' min dan
rotulador (m)	ရေဆေးစုတ်တံ	jei zei: zou' tan

bloc (m) de notas	မှတ်စုစာအုပ်	hma' su. za ou'
agenda (f)	နေ့စဉ်မှတ်တမ်းစာအုပ်	nei. zin hma' tan: za ou'
regla (f)	ပေတံ	pei dan
calculadora (f)	ဂဏန်းပေါင်းစက်	ganan: baun: za'
goma (f) de borrar	ခဲဖျက်	khe: bje'
chincheta (f)	ထိပ်ပြားကြီးသံမို	htei' pja: gji: dhan hmou
clip (m)	တွယ်ချက်	twe gjei'
cola (f), pegamento (m)	ကော်	ko
grapadora (f)	စတပ်ပလာ	sate' pa. la
perforador (m)	အပေါက်ဖောက်စက်	apau' hpau' se'
sacapuntas (m)	ခဲချွန်စက်	khe: chun ze'

47. Los idiomas extranjeros

lengua (f)	ဘာသာစကား	ba dha zaga:
extranjero (adj)	နိုင်ငံခြားနှင့်ဆိုင်သော	nain ngan gja: hnin. zain de.
lengua (f) extranjera	နိုင်ငံခြားဘာသာစကား	nain ngan gja: ba dha za ga:
estudiar (vt)	သင်ယူလေ့လာသည်	thin ju lei. la de
aprender (ingles, etc.)	သင်ယူသည်	thin ju de
leer (vi, vt)	ဖတ်သည်	hpa' te
hablar (vi, vt)	ပြောသည်	pjo: de
comprender (vt)	နားလည်သည်	na: le de
escribir (vt)	ရေးသည်	jei: de
rápidamente (adv)	မြန်မြန်	mjan mjan
lentamente (adv)	ဖြည်းဖြည်း	hpjei: bjei:
con fluidez (adv)	ကျွမ်းကျွမ်းကျင်ကျင်	kjwan: gjwan: gjin gjin
reglas (f pl)	စည်းမျဉ်းစည်းကမ်း	si: mjin: si: kan:
gramática (f)	သဒ္ဒါ	dhada
vocabulario (m)	ဝေါဟာရ	wo: ha ra.
fonética (f)	သဒ္ဒဗေဒ	dhada. bei da.
manual (m)	ဖတ်စာအုပ်	hpa' sa au'
diccionario (m)	အဘိဓာန်	abi. dan
manual (m) autodidáctico	မိမိဘာသာလေ့ လာနိုင်သောစာအုပ်	mi. mi. ba dha lei. la nain dho: za ou'
guía (f) de conversación	နှစ်ဘာသာစကားပြောစာအုပ်	hni' ba dha zaga: bjo: za ou'
casete (m)	တိပ်ခွေ	tei' khwei
videocasete (f)	ရုပ်ရှင်တိပ်ခွေ	jou' shin dei' hpwei
disco compacto, CD (m)	စီဒီခွေ	si di gwei
DVD (m)	ဒီဗီဒီခွေ	di bi di gwei
alfabeto (m)	အက္ခရာ	e' kha ja
deletrear (vt)	စာလုံးပေါင်းသည်	sa loun: baun: de
pronunciación (f)	အသံထွက်	athan dwe'
acento (m)	ဝဲသံ	we: dhan
con acento	ဝဲသံနှင့်	we: dhan hnin.
sin acento	ဝဲသံမပါဘဲ	we: dhan ma. ba be:

palabra (f)	စကားလုံး	zaga: loun:
significado (m)	အဓိပ္ပါယ်	adei' be
cursos (m pl)	သင်တန်း	thin dan:
inscribirse (vr)	စာရင်းသွင်းသည်	sajin: dhwin: de
profesor (m) (~ de inglés)	ဆရာ	hsa ja
traducción (f) (proceso)	ဘာသာပြန်ခြင်း	ba dha bjan gjin:
traducción (f) (texto)	ဘာသာပြန်ထားချက်	ba dha bjan da: gje'
traductor (m)	ဘာသာပြန်	ba dha bjan
intérprete (m)	စကားပြန်	zaga: bjan
políglota (m)	ဘာသာစကားအများ ပြောနိုင်သူ	ba dha zaga: amja: bjo: nain dhu
memoria (f)	မှတ်ဉာဏ်	hma' njan

LAS COMIDAS. EL RESTAURANTE

48. Los cubiertos

cuchara (f)	ဇွန်း	zun:
cuchillo (m)	ဓား	da:
tenedor (m)	ခက်ရင်း	khajin:
taza (f)	ခွက်	khwe'
plato (m)	ပန်းကန်ပြား	bagan: bja:
platillo (m)	အောက်ခံပန်းကန်ပြား	au' khan ban: kan pja:
servilleta (f)	လက်သုတ်ပုဝါ	le' thou' pu. wa
mondadientes (m)	သွားကြားထိုးတံ	thwa: kja: dou: dan

49. El restaurante

restaurante (m)	စားသောက်ဆိုင်	sa: thau' hsain
cafetería (f)	ကော်ဖီဆိုင်	ko hpi zain
bar (m)	ဘား	ba:
salón (m) de té	လက်ဖက်ရည်ဆိုင်	le' hpe' ji zain
camarero (m)	စားပွဲထိုး	sa: bwe: dou:
camarera (f)	စားပွဲထိုးမိန်းကလေး	sa: bwe: dou: mein: ga. lei:
barman (m)	အရက်ဘားဝန်ထမ်း	aje' ba: wun dan:
carta (f), menú (m)	စားသောက်ဖွယ်စာရင်း	sa: thau' hpwe za jin:
carta (f) de vinos	ဝိုင်စာရင်း	wain za jin:
reservar una mesa	စားပွဲကြိုတင်မှာယူသည်	sa: bwe: gjou din hma ju de
plato (m)	ဟင်းပွဲ	hin: bwe:
pedir (vt)	မှာသည်	hma de
hacer un pedido	မှာသည်	hma de
aperitivo (m)	နှတ်ပြိန်ဆေး	hna' mjein zei:
entremés (m)	နှတ်ပြိန်စာ	hna' mjein za
postre (m)	အချိုပွဲ	achou bwe:
cuenta (f)	ကျသင့်ငွေ	kja. thin. ngwei
pagar la cuenta	ကုန်ကျငွေရှင်းသည်	koun gja ngwei shin: de
dar la vuelta	ပြန်အမ်းသည်	pjan an: de
propina (f)	မုန့်ဖိုး	moun. bou:

50. Las comidas

comida (f)	အစားအစာ	asa: asa
comer (vi, vt)	စားသည်	sa: de

53

desayuno (m)	နံနက်စာ	nan ne' za
desayunar (vi)	နံနက်စာစားသည်	nan ne' za za: de
almuerzo (m)	နေ့လယ်စာ	nei. le za
almorzar (vi)	နေ့လယ်စာစားသည်	nei. le za za de
cena (f)	ညစာ	nja. za
cenar (vi)	ညစာစားသည်	nja. za za: de

| apetito (m) | စားချင်စိတ် | sa: gjin zei' |
| ¡Que aproveche! | စားကောင်းပါစေ | sa: gaun: ba zei |

abrir (vt)	ဖွင့်သည်	hpwin. de
derramar (líquido)	ဖိတ်ကျသည်	hpi' kja de
derramarse (líquido)	မှောက်သည်	hmau' de

hervir (vi)	ဆူပွက်သည်	hsu. bwe' te
hervir (vt)	ဆူပွက်သည်	hsu. bwe' te
hervido (agua ~a)	ဆူပွက်ထားသော	hsu. bwe' hta: de.
enfriar (vt)	အအေးခံသည်	aei: gan de
enfriarse (vr)	အေးသွားသည်	ei: dhwa: de

| sabor (m) | အရသာ | aja. dha |
| regusto (m) | ပအာဂြင်း | pa. achin: |

adelgazar (vi)	ဝိတ်ချသည်	wei' cha. de
dieta (f)	တတ်စာ	da' sa
vitamina (f)	ဗီတာမင်	bi ta min
caloría (f)	ကယ်လိုရီ	ke lou ji
vegetariano (m)	သက်သက်လွတ်စားသူ	the' the' lu' za: dhu
vegetariano (adj)	သက်သက်လွတ်စားသော	the' the' lu' za: de.

grasas (f pl)	အဆီ	ahsi
proteínas (f pl)	အသားဓာတ်	atha: da'
carbohidratos (m pl)	ကစီဓာတ်	ka. zi da'

loncha (f)	အရပ်	acha'
pedazo (m)	အတုံး	atoun:
miga (f)	အစအန	asa an

51. Los platos

plato (m)	ဟင်းပွဲ	hin: bwe:
cocina (f)	အစားအသောက်	asa: athau'
receta (f)	ဟင်းချက်နည်း	hin: gji' ne:
porción (f)	တစ်ယောက်စာဟင်းပွဲ	ti' jau' sa hin: bwe:

| ensalada (f) | အသုပ် | athou' |
| sopa (f) | စွပ်ပြုတ် | su' pjou' |

caldo (m)	ဟင်းရည်	hin: ji
bocadillo (m)	အသားညှပ်ပေါင်မုန့်	atha: hnja' paun moun.
huevos (m pl) fritos	ကြက်ဥကြော်	kje' u. kjo

| hamburguesa (f) | ဟန်ဘာဂါ | han ba ga |
| bistec (m) | အမဲသားတုံး | ame: dha: doun: |

guarnición (f)	အရံဟင်း	ajan hin:
espagueti (m)	အီတာလီခေါက်ဆွဲ	ita. li khau' hswe:
puré (m) de patatas	အာလူးနွားနို့ဖျော်	a luu: nwa: nou. bjo
pizza (f)	ပီဇာ	pi za
gachas (f pl)	အုတ်ဂျုံယာဂု	ou' gjoun ja gu.
tortilla (f) francesa	ကြက်ဉဖရေခေါက်ကြော်	kje' u. khau' kjo

cocido en agua (adj)	ပြုတ်ထားသော	pjou' hta: de.
ahumado (adj)	ကြိုင်တင်ထားသော	kja' tin da: de.
frito (adj)	ကြော်ထားသော	kjo da de.
seco (adj)	ခြောက်နေသော	chau' nei de.
congelado (adj)	အေးခဲနေသော	ei: khe: nei de.
marinado (adj)	ဆားရည်စိမ်ထားသော	hsa:

azucarado, dulce (adj)	ချိုသော	chou de.
salado (adj)	ငန်သော	ngan de.
frío (adj)	အေးသော	ei: de.
caliente (adj)	ပူသော	pu dho:
amargo (adj)	ခါးသော	kha: de.
sabroso (adj)	အရသာရှိသော	aja. dha shi. de.

cocer en agua	ပြုတ်သည်	pjou' te
preparar (la cena)	ချက်သည်	che' de
freír (vt)	ကြော်သည်	kjo de
calentar (vt)	အပူပေးသည်	apu bei: de

salar (vt)	ဆားထည့်သည်	hsa: hte. de
poner pimienta	အစပ်ထည့်သည်	asin hte. dhe
rallar (vt)	ခြစ်သည်	chi' te
piel (f)	အခွံ	akhun
pelar (vt)	အခွံနွာသည်	akhun hnwa de

52. La comida

carne (f)	အသား	atha:
gallina (f)	ကြက်သား	kje' tha:
pollo (m)	ကြက်ကလေး	kje' ka. lei:
pato (m)	ဘဲသား	be: dha:
ganso (m)	ဘဲငန်းသား	be: ngan: dha:
caza (f) menor	တောကောင်သား	to: gaun dha:
pava (f)	ကြက်ဆင်သား	kje' hsin dha:

carne (f) de cerdo	ဝက်သား	we' tha:
carne (f) de ternera	နွားကလေးသား	nwa: ga. lei: dha:
carne (f) de carnero	သိုးသား	thou: tha:
carne (f) de vaca	အမဲသား	ame: dha:
conejo (m)	ယုန်သား	joun dha:

salchichón (m)	ဝက်အူချောင်း	we' u gjaun:
salchicha (f)	အသားချောင်း	atha: gjaun:
beicon (m)	ဝက်ဆားနယ်ခြောက်	we' has: ne gjau'
jamón (m)	ဝက်ပေါင်ခြောက်	we' paun gjau'
jamón (m) fresco	ဝက်ပေါင်ကြက်တိုက်	we' paun gje' tai'
paté (m)	အနှစ်အခဲပြော	ahni' akhe pjo:

hígado (m)	အသည်း	athe:
carne (f) picada	ကြိတ်သား	kjei' tha:
lengua (f)	လျှာ	sha

huevo (m)	ဥ	u.
huevos (m pl)	ဥများ	u. mja:
clara (f)	အကာ	aka
yema (f)	အနှစ်	ahni'

pescado (m)	ငါး	nga:
mariscos (m pl)	ပင်လယ်အစားအစာ	pin le asa: asa
crustáceos (m pl)	အခွံမာရေနေသတ္တဝါ	akhun ma jei nei dha' ta. wa
caviar (m)	ငါးဥ	nga: u.

cangrejo (m) de mar	ကကန်း	kanan:
camarón (m)	ပုစွန်	bazun
ostra (f)	ကမာကောင်	kama kaun
langosta (f)	ကျောက်ပုစွန်	kjau' pu. zun
pulpo (m)	ရေဘဝဲသား	jei ba. we: dha:
calamar (m)	ပြည်ကြီးငါး	pjei gji: nga:

esturión (m)	စတာဂျင်ငါး	sata gjin nga:
salmón (m)	ဆော်လမွန်ငါး	hso: la. mun nga:
fletán (m)	ပင်လယ်ငါးကြီးသား	pin le nga: gji: dha:

bacalao (m)	ငါးကြီးဆီထုတ်သောငါး	nga: gji: zi dou' de. nga:
caballa (f)	မက်ကရယ်ငါး	me' ka. je nga:
atún (m)	တူနာငါး	tu na nga:
anguila (f)	ငါးရှဉ့်	nga: shin.

trucha (f)	ထရောက်ငါး	hta. jau' nga:
sardina (f)	ငါးသေတ္တာငါး	nga: dhei ta' nga:
lucio (m)	ပိုက်ငါး	pai' nga
arenque (m)	ငါးသလောက်	nga: dha. lau'

pan (m)	ပေါင်မုန့်	paun moun.
queso (m)	ဒိန်ခဲ	dain ge:
azúcar (m)	သကြား	dhagja:
sal (f)	ဆား	hsa:

arroz (m)	ဆန်စပါး	hsan zaba
macarrones (m pl)	အီတာလီခေါက်ဆွဲ	ita. li khau' hswe:
tallarines (m pl)	ခေါက်ဆွဲ	gau' hswe:

mantequilla (f)	ထောပတ်	hto: ba'
aceite (m) vegetal	ဆီ	hsi
aceite (m) de girasol	နေကြာပန်းဆီ	nei gja ban: zi
margarina (f)	ဟင်းရွက်အဆီခဲ	hin: jwe' ahsi khe:

| olivas, aceitunas (f pl) | သံလွင်သီး | than lun dhi: |
| aceite (m) de oliva | သံလွင်ဆီ | than lun zi |

leche (f)	နွားနို့	nwa: nou.
leche (f) condensada	နို့ဆီ	ni. zi
yogur (m)	ဒိန်ချဉ်	dain gjin
nata (f) agria	နို့ချဉ်	nou. gjin

nata (f) líquida	မလိုင်	ma. lain
mayonesa (f)	ခပ်ပျစ်ပျစ်စားမြိန်ရည်	kha' pji' pji' sa: mjein jei
crema (f) de mantequilla	ထောပတ်မလိုင်	hto: ba' ma. lein
cereales (m pl) integrales	နံစားစေ့	nhnan za: zei.
harina (f)	ဂျုံမှုန့်	gjoun hmoun.
conservas (f pl)	စည်သွပ်ဗူးများ	si dhwa' bu: mja:
copos (m pl) de maíz	ပြောင်းဖူးမှုန့်ဆန်း	pjaun: bu: moun. zan:
miel (f)	ပျားရည်	pja: je
confitura (f)	ယို	jou
chicle (m)	ပီကေ	pi gei

53. Las bebidas

agua (f)	ရေ	jei
agua (f) potable	သောက်ရေ	thau' jei
agua (f) mineral	တတ်ဆားရည်	da' hsa: ji
sin gas	ဂတ်စ်မပါသော	ga' s ma. ba de.
gaseoso (adj)	ဂတ်စ်ပါသော	ga' s ba de.
con gas	စပါကလင်	saba ga. lin
hielo (m)	ရေခဲ	jei ge:
con hielo	ရေခဲနှင့်	jei ge: hnin.
sin alcohol	အယ်ကိုဟောမပါသော	e kou ho: ma. ba de.
bebida (f) sin alcohol	အယ်ကိုဟောမဟုတ်သော သောက်စရာ	e kou ho: ma. hou' te. dhau' sa. ja
refresco (m)	အအေး	aei:
limonada (f)	လီမွန်ဖျော်ရည်	li mun hpjo ji
bebidas (f pl) alcohólicas	အယ်ကိုဟောပါဝင် သောက်စရာ	e kou ho: ba win de. dhau' sa. ja
vino (m)	ဝိုင်	wain
vino (m) blanco	ဝိုင်ဖြူ	wain gju
vino (m) tinto	ဝိုင်နီ	wain ni
licor (m)	အရက်ချိုပြင်း	aje' gjou pjin
champaña (f)	ရှန်ပိန်	shan pein
vermú (m)	ရန်သင်းသောဆေးစိမ်ဝိုင်	jan dhin: dho: zei: zein wain
whisky (m)	ဝီစကီ	wi sa. gi
vodka (m)	ဗော့ကာ	bo ga
ginebra (f)	ဂျင်	gjin
coñac (m)	ကော့ညက်	ko. nja'
ron (m)	ရမ်	ran
café (m)	ကော်ဖီ	ko hpi
café (m) solo	ဘလက်ကော်ဖီ	ba. le' ko: phi
café (m) con leche	ကော်ဖီနို့ရော	ko hpi ni. jo:
capuchino (m)	ကပူချီနီ	ka. pu chi ni.
café (m) soluble	ကော်ဖီမစ်	ko hpi mi'
leche (f)	နွားနို့	nwa: nou.
cóctel (m)	ကော့တေး	ko. dei:

batido (m)	မုန့်ရှိတ်	mi' shei'
zumo (m), jugo (m)	အချိုရည်	achou ji
jugo (m) de tomate	ခရမ်းချဉ်သီးအချိုရည်	khajan: chan dhi: achou jei
zumo (m) de naranja	လိမ္မော်ရည်	limmo ji
zumo (m) fresco	အသစ်ဖျော်ရည်	athi: hpjo je

cerveza (f)	ဘီယာ	bi ja
cerveza (f) rubia	အရောင်ဖျော့သောဘီယာ	ajaun bjau. de. bi ja
cerveza (f) negra	အရောင်ရင့်သောဘီယာ	ajaun jin. de. bi ja

té (m)	လက်ဖက်ရည်	le' hpe' ji
té (m) negro	လက်ဖက်နက်	le' hpe' ne'
té (m) verde	လက်ဖက်စိမ်း	le' hpe' sein:

54. Las verduras

| legumbres (f pl) | ဟင်းသီးဟင်းရွက် | hin: dhi: hin: jwe' |
| verduras (f pl) | ဟင်းခတ်အမွေးရွက် | hin: ga' ahmwei: jwe' |

tomate (m)	ခရမ်းချဉ်သီး	khajan: chan dhi:
pepino (m)	သခွားသီး	thakhwa: dhi:
zanahoria (f)	မုန်လာဥနီ	moun la u. ni
patata (f)	အာလူး	a lu:
cebolla (f)	ကြက်သွန်နီ	kje' thwan ni
ajo (m)	ကြက်သွန်ဖြူ	kje' thwan bju

col (f)	ဂေါ်ဖီ	go bi
coliflor (f)	ပန်းဂေါ်ဖီ	pan: gozi
col (f) de Bruselas	ဂေါ်ဖီထုပ်အသေးစား	go bi dou' athei: za:
brócoli (m)	ပန်းဂေါ်ဖီအစိမ်း	pan: gozi asein:

remolacha (f)	မုန်လာဥနီလုံး	moun la u. ni loun:
berenjena (f)	ခရမ်းသီး	khajan: dhi:
calabacín (m)	ဘူးသီး	bu: dhi:
calabaza (f)	ဖရုံသီး	hpa joun dhi:
nabo (m)	တရုတ်မုန်လာဥ	tajou' moun la u.

perejil (m)	တရုတ်နံနံပင်	tajou' nan nan bin
eneldo (m)	စမြိတ်ပင်	samjei' pin
lechuga (f)	ဆလပ်ရွက်	hsa. la' jwe'
apio (m)	တရုတ်နံနံကြီး	tajou' nan nan gji:

| espárrago (m) | ကညွတ်မာပင် | ka. nju' ma bin |
| espinaca (f) | ဒေါက်ခွ | dau' khwa. |

| guisante (m) | ပဲစေ့ | pe: zei. |
| habas (f pl) | ပဲအမျိုးမျိုး | pe: amjou: mjou: |

| maíz (m) | ပြောင်းဖူး | pjaun: bu: |
| fréjol (m) | စိုလ်စားပဲ | bou za: be: |

pimiento (m) dulce	ငရုတ်သီး	nga jou' thi:
rábano (m)	မုန်လာဥသေး	moun la u. dhei:
alcachofa (f)	အာတိချော	a ti cho.

55. Las frutas. Las nueces

fruto (m)	အသီး	athi:
manzana (f)	ပန်းသီး	pan: dhi:
pera (f)	သစ်တော်သီး	thi' to dhi:
limón (m)	သံပုရှိသီး	than bu. jou dhi:
naranja (f)	လိမ္မော်သီး	limmo dhi:
fresa (f)	စတော်ဘယ်ရီသီး	sato be ri dhi:
mandarina (f)	ပျားလိမ္မော်သီး	pja: lein mo dhi:
ciruela (f)	ဆီးသီး	hsi: dhi:
melocotón (m)	မက်မွန်သီး	me' mwan dhi:
albaricoque (m)	တရုတ်ဆီးသီး	jau' hsi: dhi:
frambuesa (f)	ရတ်စဘယ်ရီ	re' sa be ji
piña (f)	နာနတ်သီး	na na' dhi:
banana (f)	ငှက်ပျောသီး	hnge' pjo: dhi:
sandía (f)	ဖရဲသီး	hpa. je: dhi:
uva (f)	စပျစ်သီး	zabji' thi:
guinda (f)	ချယ်ရီချဉ်သီး	che ji gjin dhi:
cereza (f)	ချယ်ရီချိုသီး	che ji gjou dhi:
melón (m)	သခွားမွေးသီး	thakhwa: hmwei: dhi:
pomelo (m)	ဂရိတ်ဖရုသီး	ga. ri' hpa. ju dhi:
aguacate (m)	ထောပတ်သီး	hto: ba' thi:
papaya (f)	သင်္ဘောသီး	thin: bo: dhi:
mango (m)	သရက်သီး	thaje' thi:
granada (f)	တလည်းသီး	tale: dhi:
grosella (f) roja	အနီရောင်ဘယ်ရီသီး	ani jaun be ji dhi:
grosella (f) negra	ဘလက်ကားရန့်	ba. le' ka: jan.
grosella (f) espinosa	ကလားဆီးဖြူ	ka. la: his: hpju
arándano (m)	ဘီဘယ်ရီအသီး	bi: be ji athi:
zarzamoras (f pl)	ရှမ်းဆီးသီး	shan: zi: di:
pasas (f pl)	စပျစ်သီးခြောက်	zabji' thi: gjau'
higo (m)	သဖန်းသီး	thahpjan: dhi:
dátil (m)	စွန်ပလွံသီး	sun palun dhi:
cacahuete (m)	မြေပဲ	mjei be:
almendra (f)	ဟာဒံသီး	ba dan di:
nuez (f)	သစ်ကြားသီး	thi' kja: dhi:
avellana (f)	ဟောဇယ်သီး	ho: ze dhi:
nuez (f) de coco	အုန်းသီး	aun: dhi:
pistachos (m pl)	စွဲမာသီး	khwan ma dhi:

56. El pan. Los dulces

pasteles (m pl)	မုန့်ချို	moun. gjou
pan (m)	ပေါင်မုန့်	paun moun.
galletas (f pl)	ဘီစကစ်	bi za. ki'
chocolate (m)	ချောကလက်	cho: ka. le'
de chocolate (adj)	ချောကလက်အရသာရှိသော	cho: ka. le' aja. dha shi. de.

caramelo (m)	သကြားလုံး	dhagja: loun:
tarta (f) (pequeña)	ကိတ်	kei'
tarta (f) (~ de cumpleaños)	ကိတ်မုန့်	kei' moun.

| tarta (f) (~ de manzana) | ပိုင်မုန့်. | pain hmoun. |
| relleno (m) | သွပ်ထားသောအစာ | thu' hta: dho: asa |

confitura (f)	ယို	jou
mermelada (f)	အထူးပြုလုပ်ထားသော ယို	a htu: bju. lou' hta: de. jou
gofre (m)	ဝေဖာ	wei hpa
helado (m)	ရေခဲမုန့်	jei ge: moun.
pudin (m)	ပူတင်း	pu tin:

57. Las especias

sal (f)	ဆား	hsa:
salado (adj)	ငန်သော	ngan de.
salar (vt)	ဆားထည့်သည်	hsa: hte. de

pimienta (f) negra	ငရုတ်ကောင်း	nga jou' kaun:
pimienta (f) roja	ငရုတ်သီး	nga jou' thi:
mostaza (f)	မုန်ညင်း	moun njin:
rábano (m) picante	သခေါ်ဒန့်သလွန်	thin: bo: dan. dha lun

condimento (m)	ဟင်းခတ်အမှုန့်အမျိုးမျိုး	hin: ga' ahnun. amjou: mjou:
especia (f)	ဟင်းခတ်အမွှေးအကြိုင်	hin: ga' ahmwei: akjain
salsa (f)	ဆော့	hso.
vinagre (m)	ရှာလကာရည်	sha la. ga je

anís (m)	စမုန်စပါးပင်	samoun zaba: bin
albahaca (f)	ပင်စိမ်း	pin zein:
clavo (m)	လေးညှင်း	lei: hnjin:
jengibre (m)	ဂျင်း	gjin:
cilantro (m)	နံနံပင်	nan nan bin
canela (f)	သစ်ကြံပိုးခေါက်	thi' kjan bou: gau'

sésamo (m)	နှမ်း	hnan:
hoja (f) de laurel	ကရဝေးရွက်	ka ja wei: jwe'
paprika (f)	ပန်းငရုတ်မုန့်	pan: nga. jou' hnoun.
comino (m)	ကရဝေး	ka. ja. wei:
azafrán (m)	ကုံကုမံ	koun kou man

LA INFORMACIÓN PERSONAL. LA FAMILIA

58. La información personal. Los formularios

nombre (m)	အမည်	amji
apellido (m)	မိသားစုအမည်	mi. dha: zu. amji
fecha (f) de nacimiento	မွေးနေ့,	mwei; nei,
lugar (m) de nacimiento	မွေးရပ်	mwer: ja'
nacionalidad (f)	လူမျိုး	lu mjou:
domicilio (m)	နေရပ်ဒေသ	nei ja' da. dha.
país (m)	နိုင်ငံ	nain ngan
profesión (f)	အလုပ်အကိုင်	alou' akain
sexo (m)	လိင်	lin
estatura (f)	အရပ်	aja'
peso (m)	ကိုယ်အလေးချိန်	kou alei: chain

59. Los familiares. Los parientes

madre (f)	အမေ	amei
padre (m)	အဖေ	ahpei
hijo (m)	သား	tha;
hija (f)	သမီး	thami:
hija (f) menor	သမီးအငယ်	thami: ange
hijo (m) menor	သားအငယ်	tha: ange
hija (f) mayor	သမီးအကြီး	thami: akji:
hijo (m) mayor	သားအကြီး	tha: akji:
hermano (m)	ညီအစ်ကို	nji a' kou
hermano (m) mayor	အစ်ကို	akou
hermano (m) menor	ညီ	nji
hermana (f)	ညီအစ်မ	nji a' ma
hermana (f) mayor	အစ်မ	ama.
hermana (f) menor	ညီမ	nji ma.
primo (m)	ဝမ်းကွဲအစ်ကို	wan: kwe: i' kou
prima (f)	ဝမ်းကွဲညီမ	wan: kwe: nji ma.
mamá (f)	မေမေ	mei mei
papá (m)	ဖေဖေ	hpei hpei
padres (pl)	မိဘတွေ	mi. ba. dwei
niño -a (m, f)	ကလေး	kalei:
niños (pl)	ကလေးများ	kalei: mja:
abuela (f)	အဘွား	ahpwa
abuelo (m)	အဘိုး	ahpou:

nieto (m)	မြေး	mjei:
nieta (f)	မြေးမ	mjei: ma.
nietos (pl)	မြေးများ	mjei: mja:
tío (m)	ဦးလေး	u: lei:
tía (f)	အဒေါ်	ado
sobrino (m)	တူ	tu
sobrina (f)	တူမ	tu ma.
suegra (f)	ယောက္ခမ	jau' khama.
suegro (m)	ယောက္ခထီး	jau' khadi:
yerno (m)	သားမက်	tha: me'
madrastra (f)	မိထွေး	mi. dwei:
padrastro (m)	ဖထွေး	pahtwei:
niño (m) de pecho	နို့စို့ကလေး	nou. zou. galei:
bebé (m)	ကလေးငယ်	kalei: nge
chico (m)	ကလေး	kalei:
mujer (f)	မိန်းမ	mein: ma.
marido (m)	ယောက်ျား	jau' kja:
esposo (m)	ခင်ပွန်း	khin bun:
esposa (f)	ဇနီး	zani:
casado (adj)	မိန်းမရှိသော	mein: ma. shi. de.
casada (adj)	ယောက်ျားရှိသော	jau' kja: shi de
soltero (adj)	လူလွတ်ဖြစ်သော	lu lu' hpji te.
soltero (m)	လူပျို	lu bjou
divorciado (adj)	တစ်ခုလပ်ဖြစ်သော	ti' khu. la' hpji' te.
viuda (f)	မုဆိုးမ	mu. zou: ma.
viudo (m)	မုဆိုးဖို	mu. zou: bou
pariente (m)	ဆွေမျိုး	hswe mjou:
pariente (m) cercano	ဆွေမျိုးရင်းချာ	hswe mjou: jin: gja
pariente (m) lejano	ဆွေမျိုးနီးစပ်	hswe mjou: ni: za'
parientes (pl)	မွေးချင်းများ	mwei: chin: mja:
huérfano (m), huérfana (f)	မိဘမဲ့	mi. ba me.
huérfano (m)	မိဘမဲ့ကလေး	mi. ba me. ga lei:
huérfana (f)	မိဘမဲ့ကလေးမ	mi. ba me. ga lei: ma
tutor (m)	အုပ်ထိန်းသူ	ou' htin: dhu
adoptar (un niño)	သားအဖြစ်မွေးစားသည်	tha: ahpji' mwei: za: de
adoptar (una niña)	သမီးအဖြစ်မွေးစားသည်	thami: ahpji' mwei: za: de

60. Los amigos. Los compañeros del trabajo

amigo (m)	သူငယ်ချင်း	thu nge gjin:
amiga (f)	မိန်းကလေးသူငယ်ချင်း	mein: galei: dhu nge gjin:
amistad (f)	ခင်မင်ရင်းနှီးမှု	khin min jin: ni: hmu.
ser amigo	ခင်မင်သည်	khin min de
amigote (m)	အပေါင်းအသင်း	apaun: athin:
amiguete (f)	အပေါင်းအသင်း	apaun: athin:
compañero (m)	လုပ်ဖော်ကိုင်ဖက်	lou' hpo kain be'

jefe (m)	အကြီးအကဲ	akji: ake:
superior (m)	အထက်လူကြီး	a hte' lu gji:
propietario (m)	ပိုင်ရှင်	pain shin
subordinado (m)	လက်အောက်ခံအမှုထမ်း	le' au' khan ahmu. htan:
colega (m, f)	လုပ်ဖော်ကိုင်ဖက်	lou' hpo kain be'
conocido (m)	အကျွမ်းဝင်မှု	akjwan: win hmu.
compañero (m) de viaje	ခရီးဖော်	khaji: bo
condiscípulo (m)	တစ်တန်းတည်းသား	ti' tan: de: dha:
vecino (m)	အိမ်နီးနားချင်း	ein ni: na: gjin:
vecina (f)	မိန်းကလေးအိမ်နီးနားချင်း	mein: galei: ein: ni: na: gjin:
vecinos (pl)	အိမ်နီးနားချင်းများ	ein ni: na: gjin: mja:

EL CUERPO. LA MEDICINA

61. La cabeza

cabeza (f)	ခေါင်း	gaun:
cara (f)	မျက်နှာ	mje' hna
nariz (f)	နှာခေါင်း	hna gaun:
boca (f)	ပါးစပ်	pa: zi'
ojo (m)	မျက်စိ	mje' si.
ojos (m pl)	မျက်စိများ	mje' si. mja:
pupila (f)	သူငယ်အိမ်	thu nge ein
ceja (f)	မျက်ခုံး	mje' khoun:
pestaña (f)	မျက်တောင်	mje' taun
párpado (m)	မျက်ခွံ	mje' khwan
lengua (f)	လျှာ	sha
diente (m)	သွား	thwa:
labios (m pl)	နှုတ်ခမ်း	hna' khan:
pómulos (m pl)	ပါးရိုး	pa: jou:
encía (f)	သွားဖုံး	thwahpoun:
paladar (m)	အာခေါင်	a gaun
ventanas (f pl)	နှာခေါင်းပေါက်	hna gaun: bau'
mentón (m)	မေးစေ့	mei: zei.
mandíbula (f)	မေးရိုး	mei: jou:
mejilla (f)	ပါး	pa:
frente (f)	နဖူး	na. hpu:
sien (f)	နားထင်	na: din
oreja (f)	နားရွက်	na: jwe'
nuca (f)	နောက်စေ့	nau' sei.
cuello (m)	လည်ပင်း	le bin:
garganta (f)	လည်ချောင်း	le gjaun:
pelo, cabello (m)	ဆံပင်	zabin
peinado (m)	ဆံပင်ပုံစံ	zabin boun zan
corte (m) de pelo	ဆံပင်ညှပ်သည့်ပုံစံ	zabin hnja' thi. boun zan
peluca (f)	ဆံပင်တု	zabin du.
bigote (m)	နှုတ်ခမ်းမွေး	hnou' khan: hmwei:
barba (f)	မုတ်ဆိတ်မွေး	mou' hsei' hmwei:
tener (~ la barba)	အရှည်ထားသည်	ashei hta: de
trenza (f)	ကျစ်ဆံမြီး	kji' zan mji:
patillas (f pl)	ပါးသိုင်းမွေး	pa: dhain: hmwei:
pelirrojo (adj)	ဆံပင်အနီရောင်ရှိသော	zabin ani jaun shi. de
gris, canoso (adj)	အရောင်ဖျော့သော	ajaun bjo. de.
calvo (adj)	ထိပ်ပြောင်သော	htei' pjaun de.
calva (f)	ဆံပင်ကျွတ်နေသောနေရာ	zabin kju' nei dho nei ja

64

T&P Books. Vocabulario Español-Birmano - 3000 palabras más usadas

cola (f) de caballo   မြင်းမြီးပုံစံဆံပင်   mjin: mji: boun zan zan bin
flequillo (m)   ဆံရပ်   hsaji'

62. El cuerpo

mano (f)	လက်	le'
brazo (m)	လက်မောင်း	le' maun:
dedo (m)	လက်ချောင်း	le' chaun:
dedo (m) del pie	ခြေချောင်း	chei gjaun:
dedo (m) pulgar	လက်မ	le' ma
dedo (m) meñique	လက်သန်း	le' than:
uña (f)	လက်သည်းခွံ	le' the: dou' tan zin:
puño (m)	လက်သီး	le' thi:
palma (f)	လက်ဝါး	le' wa:
muñeca (f)	လက်ကောက်ဝတ်	le' kau' wa'
antebrazo (m)	လက်ဖျံ	le' hpjan
codo (m)	တံတောင်ဆစ်	daduan zi'
hombro (m)	ပခုံး	pakhoun:
pierna (f)	ခြေထောက်	chei htau'
planta (f)	ခြေထောက်	chei htau'
rodilla (f)	ဒူး	du:
pantorrilla (f)	ခြေသလုံးကြွက်သား	chei dha. loun: gjwe' dha:
cadera (f)	တင်ပါး	tin ba:
talón (m)	ခြေဖနောင့်	chei ba. naun.
cuerpo (m)	ခန္ဓာကိုယ်	khan da kou
vientre (m)	ဗိုက်	bai'
pecho (m)	ရင်ဘတ်	jin ba'
seno (m)	နို့	nou.
lado (m), costado (m)	နံပါး	nan ba:
espalda (f)	ကျော	kjo:
zona (f) lumbar	ခါးအောက်ပိုင်း	kha: au' pain:
cintura (f), talle (m)	ခါး	kha:
ombligo (m)	ချက်	che'
nalgas (f pl)	တင်ပါး	tin ba:
trasero (m)	နောက်ပိုင်း	nau' pain:
lunar (m)	မှဲ့	hme.
marca (f) de nacimiento	မွေးရာပါအမှတ်	mwei: ja ba ahma'
tatuaje (m)	တက်တူး	te' tu:
cicatriz (f)	အမာရွတ်	ama ju'

63. Las enfermedades

enfermedad (f)	ရောဂါ	jo: ga
estar enfermo	ဖျားနာသည်	hpa: na de
salud (f)	ကျန်းမာရေး	kjan: ma jei:
resfriado (m) (coriza)	နာခေးခြင်း	hna zei: gjin:

angina (f)	အာသီးရောင်ခြင်း	a sha. jaun gjin:
resfriado (m)	အအေးမိခြင်း	aei: mi. gjin:
resfriarse (vr)	အအေးမိသည်	aei: mi. de

bronquitis (f)	ရောင်းဆိုးရင်ကျပ်နာ	gaun: ou: jin gja' na
pulmonía (f)	အဆုတ်ရောင်ရောဂါ	ahsou' jaun jo: ga
gripe (f)	တုပ်ကွေး	tou' kwei:

miope (adj)	အဝေးမှုန်သော	awei: hmun de.
présbita (adj)	အနီးမှုန်	ani: hmoun
estrabismo (m)	မျက်စိစွေခြင်း	mje' zi. zwei gjin:
estrábico (m) (adj)	မျက်စိစွေသော	mje' zi. zwei de.
catarata (f)	နာမကျန်းဖြစ်ခြင်း	na. ma. gjan: bji' chin:
glaucoma (m)	ရေတိမ်	jei dein

insulto (m)	လေသင်တုန်းဖြတ်ခြင်း	lei dhin doun: bja' chin:
ataque (m) cardiaco	နှလုံးဖောက်ပြန်မှု	hnaloun: bau' bjan hmu.
infarto (m) de miocardio	နှလုံးကြွက်သားပုပ်ခြင်း	hnaloun: gjwe' tha: bou' chin:
parálisis (f)	သွက်ချာပါဒ	thwe' cha ba da.
paralizar (vt)	ရိုင်တွသွားသည်	hsain: dwa dhwa: de

alergia (f)	မတည့်ခြင်း	ma. de. gjin:
asma (f)	ပန်းနာ	pan: na
diabetes (f)	ဆီးချိုရောဂါ	hsi: gjou jau ba

| dolor (m) de muelas | သွားကိုက်ခြင်း | thwa: kai' chin: |
| caries (f) | သွားပိုးစားခြင်း | thwa: pou: za: gjin: |

diarrea (f)	ဝမ်းလျှောခြင်း	wan: sho: gjin:
estreñimiento (m)	ဝမ်းချုပ်ခြင်း	wan: gjou' chin:
molestia (f) estomacal	ဗိုက်နာခြင်း	bai' na gjin:
envenenamiento (m)	အစာအဆိပ်သင့်ခြင်း	asa: ahsei' thin. gjin:
envenenarse (vr)	အစားမှားခြင်း	asa: hma: gjin:

artritis (f)	အဆစ်ရောင်နာ	ahsi' jaun na
raquitismo (m)	အရိုးပျော့နာ	ajou: bjau. na
reumatismo (m)	ဒူလာ	du la
ateroesclerosis (f)	နှလုံးသွေးကြော အဆီပိတ်ခြင်း	hna. loun: twei: kjau ahsi pei' khin:

gastritis (f)	အစာအိမ်ရောင်ရမ်းနာ	asa: ein jaun jan: na
apendicitis (f)	အူအတက်ရောင်ခြင်း	au hte' jaun gjin:
colecistitis (f)	သည်းခြေပြွန်ရောင်ခြင်း	thi: gjei bjun jaun gjin:
úlcera (f)	ဖက်ခွက်နာ	hpe' khwe' na

sarampión (m)	ဝက်သက်	we' the'
rubeola (f)	ဂျုက်သိုး	gjou' thou:
ictericia (f)	အသားဝါရောဂါ	atha: wa jo: ga
hepatitis (f)	အသည်းရောင်ရောဂါ	athe: jaun jau ba

esquizofrenia (f)	စိတ်ကစဉ့်ကလျားရောဂါ	sei' ga. zin. ga. lja: jo: ga
rabia (f) (hidrofobia)	ခွေးရူးပြန်ရောဂါ	khwei: ju: bjan jo: ba
neurosis (f)	စိတ်မှုမမှန်ခြင်း	sei' mu ma. hman gjin:
conmoción (f) cerebral	ဦးနှောက်ထိခိုက်ခြင်း	oun: hnau' hti. gai' chin:
cáncer (m)	ကင်ဆာ	kin hsa
esclerosis (f)	အသားမျှင်ငက် မာသွားခြင်း	atha: hmjin kha' ma dwa: gjin:

esclerosis (m) múltiple	အာရုံကြောပျက်စီးရောင်းသည့်ရောဂါ	a joun gjo: bje' si: jaun jan: dhi. jo: ga
alcoholismo (m)	အရက်နာစွဲခြင်း	aje' na zwe: gjin:
alcohólico (m)	အရက်သမား	aje' dha. ma:
sífilis (f)	ဆစ်ဖလစ်ကာလသားရောဂါ	his' hpa. li' ka la. dha: jo: ba
SIDA (m)	ကိုယ်ခံအားကျကူးစက်ရောဂါ	kou khan a: kja ku: za' jau ba
tumor (m)	အသားပို	atha: pou
maligno (adj)	ကင်ဆာဖြစ်နေသော	kin hsa bji' nei de.
benigno (adj)	ပြန့်ပွားခြင်းမရှိသော	pjan. bwa: gjin: ma. shi. de.
fiebre (f)	အဖျားတက်ရောဂါ	ahpja: de' jo: ga
malaria (f)	၄က်ဖျားရောဂါ	hnge' hpja: jo: ba
gangrena (f)	ဂန်ဂရင်နာရောဂါ	gan ga. ji na jo: ba
mareo (m)	လှိုင်းမူးခြင်း	hlain: mu: gjin:
epilepsia (f)	ဝက်ရူးပြန်ရောဂါ	we' ju: bjan jo: ga
epidemia (f)	ကပ်ရောဂါ	ka' jo ba
tifus (m)	တိုက်ဖိုက်ရောဂါ	tai' hpai' jo: ba
tuberculosis (f)	တီဘီရောဂါ	ti bi jo: ba
cólera (f)	ကာလဝမ်းရောဂါ	ka la. wan: jau ga
peste (f)	ကပ်ဆိုး	ka' hsou:

64. Los síntomas. Los tratamientos. Unidad 1

síntoma (m)	လက္ခဏာ	le' khana
temperatura (f)	အပူချိန်	apu gjein
fiebre (f)	ကိုယ်အပူချိန်တက်	kou apu chain de'
pulso (m)	သွေးခုန်နှန်း	thwei: khoun hnan:
mareo (m) (vértigo)	မူးနောက်ခြင်း	mu: nau' chin:
caliente (adj)	ပူသော	pu dho:
escalofrío (m)	တုန်ခြင်း	toun gjin:
pálido (adj)	ဖျူရော်သော	hpju jo de.
tos (f)	ချောင်းဆိုးခြင်း	gaun: zou: gjin:
toser (vi)	ချောင်းဆိုးသည်	gaun: zou: de
estornudar (vi)	နှာချေသည်	hna gjei de
desmayo (m)	အားနည်းခြင်း	a: ne: gjin:
desmayarse (vr)	သတိလစ်သည်	dhadi. li' te
moradura (f)	ပွန်းပဲ့ဒဏ်ရာ	pun: be. dan ja
chichón (m)	ထောင့်မိခြင်း	hsaun. mi. gjin:
golpearse (vr)	ထောင့်မိသည်	hsaun. mi. de.
magulladura (f)	ပွန်းပဲ့ဒဏ်ရာ	pun: be. dan ja
magullarse (vr)	ပွန်းပဲ့ဒဏ်ရာရသည်	pun: be. dan ja ja. de
cojear (vi)	ထော့နဲ့ထော့နဲ့လျှောက်သည်	hto. ne. hto. ne. shau' te
dislocación (f)	အဆစ်လွဲခြင်း	ahsi' lwe: gjin:
dislocar (vt)	အဆစ်လွဲသည်	ahsi' lwe: de
fractura (f)	ကျိုးအက်ခြင်း	kjou: e' chin:
tener una fractura	ကျိုးအက်သည်	kjou: e' te
corte (m) (tajo)	ရှသည်	sha. de
cortarse (vr)	ရှမိသည်	sha. mi. de

hemorragia (f)	သွေးထွက်ခြင်း	thwei: htwe' chin:
quemadura (f)	မီးလောင်သည့်ဒက်ရာ	mi: laun de. dan ja
quemarse (vr)	မီးလောင်ဒက်ရာရသည်	mi: laun dan ja ja. de

pincharse (~ el dedo)	ဖောက်သည်	hpau' te
pincharse (vr)	ကိုယ်တိုင်ဖောက်သည်	kou tain hpau' te
herir (vt)	ထိခိုက်ဒက်ရာရသည်	hti. gai' dan ja ja. de
herida (f)	ထိခိုက်ဒက်ရာ	hti. gai' dan ja
lesión (f) (herida)	ဒက်ရာ	dan ja
trauma (m)	စိတ်ဒက်ရာ	sei' dan ja

delirar (vi)	ကယောင်ကတမ်းဖြစ်သည်	kajaun ka dan: bi' te
tartamudear (vi)	တုံ့နှေးတုံ့ နှေးဖြစ်သည်	toun. hnei: toun. hnei: bji' te
insolación (f)	အပူလျပ်ခြင်း	apu hlja' chin

65. Los síntomas. Los tratamientos. Unidad 2

| dolor (m) | နာကျင်မှု | na gjin hmu. |
| astilla (f) | ပဲ့ထွက်သောအစ | pe. dwe' tho: asa. |

sudor (m)	ချွေး	chwei:
sudar (vi)	ချွေးထွက်သည်	chwei: htwe' te
vómito (m)	အန်ခြင်း	an gjin:
convulsiones (f pl)	အကြောလိုက်ခြင်း	akjo: lai' chin:

embarazada (adj)	ကိုယ်ဝန်ဆောင်ထားသော	kou wun hsaun da: de.
nacer (vi)	မွေးဖွားသည်	mwei: bwa: de
parto (m)	မီးဖွားခြင်း	mi: bwa: gjin:
dar a luz	မီးဖွားသည်	mi: bwa: de
aborto (m)	ကိုယ်ဝန်ဖျက်ချရ‌ခြင်း	kou wun hpje' cha chin:

respiración (f)	အသက်ရှူခြင်း	athe' shu gjin:
inspiración (f)	ဝင်လေ	win lei
espiración (f)	ထွက်လေ	htwe' lei
espirar (vi)	အသက်ရှူထုတ်သည်	athe' shu dou' te
inspirar (vi)	အသက်ရှူသွင်းသည်	athe' shu dhwin: de

inválido (m)	ကိုယ်အင်္ဂါမသန်စွမ်းသူ	kou an ga ma. dhan swan: dhu
mutilado (m)	မသန်မစွမ်းသူ	ma. dhan ma. zwan dhu
drogadicto (m)	ဆေးစွဲသူ	hsei: zwe: dhu

sordo (adj)	နားမကြားသော	na: ma. gja: de.
mudo (adj)	ဆွံ့အသော	hsun. ade.
sordomudo (adj)	ဆွံ့.အ နားမကြားသူ	hsun. ana: ma. gja: dhu

loco (adj)	စိတ်မနှံ့သော	sei' ma. hnan. de.
loco (m)	စိတ်မနှံ့သူ	sei' ma. hnan. dhu
loca (f)	စိတ်ဝေဒနာရှင်မိန်းကလေး	sei' wei da. na shin mein: ga. lei:
volverse loco	ရူးသွပ်သည်	ju: dhu' de

| gen (m) | မျိုးရိုးဗီဇ | mjou: jou: bi za. |
| inmunidad (f) | ကိုယ်ခံအား | kou gan a: |

| hereditario (adj) | မျိုးရိုးလိုက်သော | mjou: jou: lou' te. |
| de nacimiento (adj) | မွေးရာပါဖြစ်သော | mwei: ja ba bji' te. |

virus (m)	ဗိုင်းရပ်ပိုးများ	bain: ja' pou: hmwa:
microbio (m)	အဏုဇီဝရုပ်	anu zi wa. jou'
bacteria (f)	ဘက်တီးရီးယားပိုး	be' ti: ji: ja: bou:
infección (f)	ရောဂါကူးစက်မှု	jo ga gu: ze' hmu.

66. Los síntomas. Los tratamientos. Unidad 3

| hospital (m) | ဆေးရုံ | hsei: joun |
| paciente (m) | လူနာ | lu na |

diagnosis (f)	ရောဂါစစ်ဆေးခြင်း	jo ga zi' hsei: gjin:
cura (f)	ဆေးကုထုံး	hsei: ku. doun:
tratamiento (m)	ဆေးဝါးကုသမှု	hsei: wa: gu. dha. hmu.
curarse (vr)	ဆေးကုသမှုခံယူသည်	hsei: ku. dha. hmu. dha de
tratar (vt)	ပြုစုသည်	pju. zu. de
cuidar (a un enfermo)	ပြုစုစောင့်ရှောက်သည်	pju. zu. zaun. shau' te
cuidados (m pl)	ပြုစုစောင့်ရှောက်ခြင်း	pju. zu. zaun. shau' chin:

operación (f)	ခွဲစိတ်ကုသခြင်း	khwe: zei' ku. dha. hin:
vendar (vt)	ပတ်တီးစည်းသည်	pa' ti: ze: de
vendaje (m)	ပတ်တီးစည်းခြင်း	pa' ti: ze: gjin:

vacunación (f)	ကာကွယ်ဆေးထိုးခြင်း	ka gwe hsei: dou: gjin:
vacunar (vt)	ကာကွယ်ဆေးထိုးသည်	ka gwe hsei: dou: de
inyección (f)	ဆေးထိုးခြင်း	hsei: dou: gjin:
aplicar una inyección	ဆေးထိုးသည်	hsei: dou: de
ataque (m)	ရောဂါ ရုတ်တရက်ကျရောက်ခြင်း	jo ga jou' ta. je' kja. jau' chin:
amputación (f)	ဖြတ်တောက်ကုသခြင်း	hpja' tau' ku. dha gjin:
amputar (vt)	ဖြတ်တောက်ကုသသည်	hpja' tau' ku. dha de
coma (m)	မေ့မြောခြင်း	mei. mjo: gjin:
estar en coma	မေ့မြောသည်	mei. mjo: de
revitalización (f)	အစွမ်းကုန်ပြုစုခြင်း	aswan: boun bju. zu. bjin:

recuperarse (vr)	ရောဂါသက်သာလာသည်	jo ga dhe' tha la de
estado (m) (de salud)	ကျန်းမာရေးအခြေအနေ	kjan: ma jei: achei a nei
consciencia (f)	ပြန်လည်သတိရလာခြင်း	pjan le dhadi. ja. la. gjin:
memoria (f)	မှတ်ဉာဏ်	hma' njan

extraer (un diente)	နုတ်သည်	hna' te
empaste (m)	သွားပေါက်ဖာဆေးမှု	thwa: bau' hpa dei: hmu.
empastar (vt)	ဖာသည်	hpa de

| hipnosis (f) | အိပ်မွေ့ချခြင်း | ei' mwei. gja. gjin: |
| hipnotizar (vt) | အိပ်မွေ့ချသည် | ei' mwei. gja. de |

67. La medicina. Las drogas. Los accesorios

| medicamento (m), droga (f) | ဆေးဝါး | hsei: wa: |
| remedio (m) | ကုသခြင်း | ku. dha. gjin: |

| prescribir (vt) | ဆေးအညွှန်းပေးသည် | hsa: ahnjun: bwe: de |
| receta (f) | ဆေးညွှန်း | hsei: hnjun: |

tableta (f)	ဆေးပြား	hsei: bja:
ungüento (m)	လိမ်းဆေး	lein: zei:
ampolla (f)	လေလုံဖန်ပုလင်းငယ်	lei loun ban bu. lin: nge
mixtura (f), mezcla (f)	စပ်ဆေးရည်	sa' ei: je
sirope (m)	ဖျော်ရည်ဆီ	hpjo jei zi
píldora (f)	ဆေးတောင့်	hsei: daun.
polvo (m)	အမှုန့်	ahmoun.

venda (f)	ပတ်တီး	pa' ti:
algodón (m) (discos de ~)	ဂွမ်းလိပ်	gwan: lei'
yodo (m)	တင်ဂျာအိုင်ဒင်း	tin gja ein din:

tirita (f), curita (f)	ပလာစတာ	pa. la sata
pipeta (f)	မျက်စဉ်းခတ်ကိရိယာ	mje' zin: ba' ki. ji. ja
termómetro (m)	အပူချိန်တိုင်းကိရိယာ	apu gjein dain: gi. ji. ja
jeringa (f)	ဆေးထိုးပြွတ်	hsei: dou: bju'

| silla (f) de ruedas | ဘီးတင်ကုလားထိုင် | bi: da' ku. la: dain |
| muletas (f pl) | ချိုင်းထောက် | chain: dau' |

anestésico (m)	အကိုက်အခဲပျောက်ဆေး	akai' akhe: pjau' hsei:
purgante (m)	ဝမ်းနှုတ်ဆေး	wan: hnou' hsei:
alcohol (m)	အရက်ပြန်	aje' pjan
hierba (f) medicinal	ဆေးဖက်ဝင်အပင်များ	hsei: hpa' win apin mja:
de hierbas (té ~)	ဆေးဖက်ဝင်အပင်	hsei: hpa' win apin
	နှင့်ဆိုင်သော	hnin. zain de.

EL APARTAMENTO

68. El apartamento

apartamento (m)	တိုက်ခန်း	tai' khan:
habitación (f)	အခန်း	akhan:
dormitorio (m)	အိပ်ခန်း	ei' khan:
comedor (m)	ထမင်းစားခန်း	htamin: za: gan:
salón (m)	ဧည့်ခန်း	e. gan:
despacho (m)	အိမ်တွင်းရုံးခန်းလေး	ein dwin: joun: gan: lei:
antecámara (f)	ဝင်ပေါက်	win bau'
cuarto (m) de baño	ရေချိုးခန်း	jei gjou gan:
servicio (m)	အိမ်သာ	ein dha
techo (m)	မျက်နှာကြက်	mje' hna gje'
suelo (m)	ကြမ်းပြင်	kan: pjin
rincón (m)	ထောင့်	htaun.

69. Los muebles. El interior

muebles (m pl)	ပရိဘောဂ	pa ri. bo: ga.
mesa (f)	စားပွဲ	sa: bwe:
silla (f)	ကုလားထိုင်	kala: dain
cama (f)	ကုတင်	ku din
sofá (m)	ဆိုဖာ	hsou hpa
sillón (m)	လက်တင်ပါသောကုလားထိုင်	le' tin ba dho: ku. la: dain
librería (f)	စာအုပ်စင်	sa ou' sin
estante (m)	စင်	sin
armario (m)	ဗီဒို	bi jou
percha (f)	နံရံကပ်အဝတ်ချိတ်စင်	nan jan ga' awu' gei' zin
perchero (m) de pie	အဝတ်ချိတ်စင်	awu' gjei' sin
cómoda (f)	အံဆွဲပါ မှန်တင်ခုံ	an. zwe: pa hman din khoun
mesa (f) de café	စားပွဲပု	sa: bwe: bu.
espejo (m)	မှန်	hman
tapiz (m)	ကော်ဇော	ko zo:
alfombra (f)	ကော်ဇော	ko zo:
chimenea (f)	မီးလင်းဖို	mi: lin: bou
vela (f)	ဖယောင်းတိုင်	hpa. jaun dain
candelero (m)	ဖယောင်းတိုင်စိုက်သောတိုင်	hpa. jaun dain zou' tho dain
cortinas (f pl)	ခန်းဆီးရည်	khan: zi: shei
empapelado (m)	နံရံကပ်စက္ကူ	nan jan ga' se' ku

estor (m) de láminas	ယင်းလိပ်	jin: lei'
lámpara (f) de mesa	စားပွဲတင်မီးအိမ်	sa: bwe: din mi: ein
aplique (m)	နံရံကပ်မီး	nan jan ga' mi:
lámpara (f) de pie	မတ်တင်မီးဆလောင်း	ma' ta' mi: za. laun:
lámpara (f) de araña	မီးပန်းဆိုင်း	mi: ban: zain:
pata (f) (~ de la mesa)	ခြေထောက်	chei htau'
brazo (m)	လက်တန်း	le' tan:
espaldar (m)	နောက်မှီ	nau' mi
cajón (m)	အံဆွဲ	an. zwe:

70. Los accesorios de cama

ropa (f) de cama	အိပ်ရာခင်းများ	ei' ja khin: mja:
almohada (f)	ခေါင်းအုံး	gaun: oun:
funda (f)	ခေါင်းစွပ်	gaun: zu'
manta (f)	စောင်	saun
sábana (f)	အိပ်ရာခင်း	ei' ja khin:
sobrecama (f)	အိပ်ရာဖုံး	ei' ja hpoun:

71. La cocina

cocina (f)	မီးဖိုခန်း	mi: bou gan:
gas (m)	ဓာတ်ငွေ့	da' ngwei.
cocina (f) de gas	ဂတ်စ်မီးဖို	ga' s mi: bou
cocina (f) eléctrica	လျှပ်စစ်မီးဖို	hlja' si' si: bou
horno (m)	မုန့် ဖုတ်ရန်ဖို	moun. bou' jan bou
horno (m) microondas	မိုက်ခရိုဝေ့ဗ်	mou' kha. jou wei. b
frigorífico (m)	ရေခဲသေတ္တာ	je ge: dhi' ta
congelador (m)	ရေခဲခန်း	jei ge: gan:
lavavajillas (m)	ပန်းကန်ဆေးစက်	bagan: zei: ze'
picadora (f) de carne	အသားကြိတ်စက်	atha: kjei za'
exprimidor (m)	အသီးဖျော်စက်	athi: hpjo ze'
tostador (m)	ပေါင်မုန့်ကင်စက်	paun moun. gin ze'
batidora (f)	မွှေစက်	hmwei ze'
cafetera (f) (aparato de cocina)	ကော်ဖီဖျော်စက်	ko hpi hpjo ze'
cafetera (f) (para servir)	ကော်ဖီအိုး	ko hpi ou:
molinillo (m) de café	ကော်ဖီကြိတ်စက်	ko hpi kjei ze'
hervidor (m) de agua	ရေနွေးကရားအိုး	jei nwei: gaja: ou:
tetera (f)	လက်ဘက်ရည်အိုး	le' be' ji ou:
tapa (f)	အိုးအဖုံး	ou: ahpoun:
colador (m) de té	လက်ဖက်ရည်စစ်	le' hpe' ji zi'
cuchara (f)	ဇွန်း	zun:
cucharilla (f)	လက်ဖက်ရည်ဇွန်း	le' hpe' ji zwan:
cuchara (f) de sopa	အရည်သောက်ဇွန်း	aja: dhau' zun:
tenedor (m)	ခက်ရင်း	khajin:

cuchillo (m)	ဓား	da:
vajilla (f)	အိုးခွက်ပန်းကန်	ou: kwe' pan: gan
plato (m)	ပန်းကန်ပြား	bagan: bja:
platillo (m)	အောက်ခံပန်းကန်ပြား	au' khan ban: kan pja:
vaso (m) de chupito	ဖန်ခွက်	hpan gwe'
vaso (m) (~ de agua)	ဖန်ခွက်	hpan gwe'
taza (f)	ခွက်	khwe'
azucarera (f)	သကြားခွက်	dhagja: khwe'
salero (m)	ဆားဘူး	hsa: bu:
pimentero (m)	ငြုတ်ကောင်းဘူး	njou' kaun: bu:
mantequera (f)	ထောပတ်ခွက်	hto: ba' khwe'
cacerola (f)	ပေါင်းအိုး	paun: ou:
sartén (f)	ဟင်းကြော်အိုး	hin: gjo ou:
cucharón (m)	ဟင်းခပ်ဇွန်း	hin: ga' zun
colador (m)	ဆန်ခါ	zaga
bandeja (f)	လင်ပန်း	lin ban:
botella (f)	ပုလင်း	palin:
tarro (m) de vidrio	ဖန်ဘူး	hpan bu:
lata (f)	သံဘူး	than bu:
abrebotellas (m)	ပုလင်းဖောက်တံ	pu. lin: bau' tan
abrelatas (m)	သံဘူးဖောက်တံ	than bu: bau' tan
sacacorchos (m)	ဝက်အူဖောက်တံ	we' u bau' dan
filtro (m)	ရေစစ်	jei zi'
filtrar (vt)	စစ်သည်	si' te
basura (f)	အမှိုက်	ahmai'
cubo (m) de basura	အမှိုက်ပုံး	ahmai' poun:

72. El baño

cuarto (m) de baño	ရေချိုးခန်း	jei gjou gan:
agua (f)	ရေ	jei
grifo (m)	ရေပိုက်ခေါင်း	jei bai' khaun:
agua (f) caliente	ရေပူ	jei bu
agua (f) fría	ရေအေး	jei ei:
pasta (f) de dientes	သွားတိုက်ဆေး	thwa: tai' hsei:
limpiarse los dientes	သွားတိုက်သည်	thwa: tai' te
cepillo (m) de dientes	သွားတိုက်တံ	thwa: tai' tan
afeitarse (vr)	ရိတ်သည်	jei' te
espuma (f) de afeitar	မုတ်ဆိတ်ရိတ်သုံး ဆပ်ပြာမြှုပ်	mou' hsei' jei' thoun: za' pja hmjou'
maquinilla (f) de afeitar	သင်တုန်းဓား	thin toun: da:
lavar (vt)	ဆေးသည်	hsei: de
darse un baño	ရေချိုးသည်	jei gjou: de
ducha (f)	ရေပန်း	jei ban:
darse una ducha	ရေချိုးသည်	jei gjou: de

bañera (f)	ရေချိုးကန်	jei gjou: gan
inodoro (m)	အိမ်သာ	ein dha
lavabo (m)	လက်ဆေးကန်	le' hsei: kan
jabón (m)	ဆပ်ပြာ	hsa' pja
jabonera (f)	ဆပ်ပြာခွက်	hsa' pja gwe'
esponja (f)	ရေမြှုပ်	jei hmjou'
champú (m)	ခေါင်းလျှော်ရည်	gaun: sho je
toalla (f)	တဘက်	tabe'
bata (f) de baño	ရေချိုးခန်းဝတ်စုံ	jei gjou: gan: wu' soun
colada (f), lavado (m)	အဝတ်လျှော်ခြင်း	awu' sho gjin
lavadora (f)	အဝတ်လျှော်စက်	awu' sho ze'
lavar la ropa	ဒိုဘီလျှော်သည်	dou bi jo de
detergente (m) en polvo	အဝတ်လျှော်ဆပ်ပြာမှုန့်	awu' sho hsa' pja hmun.

73. Los aparatos domésticos

televisor (m)	ရုပ်မြင်သံကြားစက်	jou' mjin dhan gja: ze'
magnetófono (m)	အသံသွင်းစက်	athan dhwin: za'
vídeo (m)	ဗီဒီယိုပြစက်	bi di jou bja. ze'
radio (m)	ရေဒီယို	rei di jou
reproductor (m) (~ MP3)	ပလေယာစက်	pa. lei ja ze'
proyector (m) de vídeo	ဗီဒီယိုပရိုဂျက်တာ	bi di jou pa. jou gje' da
sistema (m) home cinema	အိမ်တွင်းရုပ်ရှင်ခန်း	ein dwin: jou' shin gan:
reproductor (m) de DVD	ဒီဗီဒီပလေယာ	di bi di ba lei ja
amplificador (m)	အသံချဲ့စက်	athan che. zek
videoconsola (f)	ဂိမ်းခလုတ်	gein: kha lou'
cámara (f) de vídeo	ဗွီဒီယိုကင်မရာ	bwi di jou kin ma. ja
cámara (f) fotográfica	ကင်မရာ	kin ma. ja
cámara (f) digital	ဒီဂျစ်တယ်ကင်မရာ	digji' te gin ma. ja
aspirador (m), aspiradora (f)	ဖုန်စုပ်စက်	hpoun zou' se'
plancha (f)	မီးပူ	mi: bu
tabla (f) de planchar	မီးပူတိုက်ရန်စင်	mi: bu tai' jan zin
teléfono (m)	တယ်လီဖုန်း	te li hpoun:
teléfono (m) móvil	မိုဘိုင်းဖုန်း	mou bain: hpoun:
máquina (f) de escribir	လက်နှိပ်စက်	le' hnei' se'
máquina (f) de coser	အပ်ချုပ်စက်	a' chou' se'
micrófono (m)	စကားပြောခွက်	zaga: bjo: gwe'
auriculares (m pl)	နားကြပ်	na: kja'
mando (m) a distancia	အဝေးထိန်းကိရိယာ	awei: htin: ki. ja. ja
CD (m)	စီဒီပြား	si di bja:
casete (m)	တိပ်ခွေ	tei' khwei
disco (m) de vinilo	ရှေးခေတ်သုံးဓာတ်ပြား	shei: gi' thoun da' pja:

LA TIERRA. EL TIEMPO

cosmos (m)	အာကာသ	akatha.
espacial, cósmico (adj)	အာကာသနှင့်ဆိုင်သော	akatha. hnin zain dho:
espacio (m) cósmico	အာကာသဟင်းလင်းပြင်	akatha. hin: lin: bjin

mundo (m)	ကမ္ဘာ	ga ba
universo (m)	စကြာဝဠာ	sa kja wa. la
galaxia (f)	ကြယ်စုတန်း	kje zu. dan:

| estrella (f) | ကြယ် | kje |
| constelación (f) | ကြယ်နက္ခတ်စု | kje ne' kha' zu. |

| planeta (m) | ဂြိုဟ် | gjou |
| satélite (m) | ဂြိုဟ်ငယ် | gjou nge |

meteorito (m)	ဥက္ကာခဲ	ou' ka ge:
cometa (m)	ကြယ်တံခွန်	kje dagun
asteroide (m)	ဂြိုဟ်သိမ်ဂြိုဟ်မွှား	gjou dhein gjou hmwa:

órbita (f)	ပတ်လမ်း	pa' lan:
girar (vi)	လည်သည်	le de
atmósfera (f)	လေထု	lei du.

Sol (m)	နေ	nei
sistema (m) solar	နေစကြာဝဠာ	nei ze kja. wala
eclipse (m) de Sol	နေကြတ်ခြင်း	nei gja' chin:

| Tierra (f) | ကမ္ဘာလုံး | ga ba loun: |
| Luna (f) | လ | la. |

Marte (m)	အင်္ဂါဂြိုဟ်	in ga gjou
Venus (f)	သောကြာဂြိုဟ်	thau' kja gjou'
Júpiter (m)	ကြာသပတေးဂြိုဟ်	kja dha ba. dei: gjou'
Saturno (m)	စနေဂြိုဟ်	sanei gjou'

Mercurio (m)	ဗုဒ္ဓဟူးဂြိုဟ်	bou' da. gjou'
Urano (m)	ယူရေးနတ်ဂြိုဟ်	ju rei: na' gjou
Neptuno (m)	နက်ပကျွန်းဂြိုဟ်	ne' pa. gjun: gjou
Plutón (m)	ပလူတိုဂြိုဟ်	pa lu tou gjou '

la Vía Láctea	နဂါးငွေ့ကြယ်စုတန်း	na. ga: ngwe. gje zu dan:
la Osa Mayor	မြောက်ဝိုင်းဂဝတ်ဘားရဲကြယ်စု	mjau' pain: gajei' be:j gje zu.
la Estrella Polar	ဥဝိကြယ်	du wan gje

| marciano (m) | အင်္ဂါဂြိုဟ်သား | in ga gjou dha: |
| extraterrestre (m) | အခြားကမ္ဘာဂြိုဟ်သား | apja: ga ba gjou dha |

planetícola (m)	ပြိုဟ်သား	gjou dha:
platillo (m) volante	ပန်းကန်ပြားပျံ	bagan: bja: bjan

nave (f) espacial	အာကာသယာဉ်	akatha. jin
estación (f) orbital	အာကာသစခန်း	akatha. za khan:
despegue (m)	လွှတ်တင်ခြင်း	hlu' tin gjin:

motor (m)	အင်ဂျင်	in gjin
tobera (f)	နော်ဇယ်	no ze
combustible (m)	လောင်စာ	laun za

carlinga (f)	လေယာဉ်မောင်းအခန်း	lei jan maun akhan:
antena (f)	အင်တန်နာတိုင်	in tan na tain
ventana (f)	ပြတင်း	badin:
batería (f) solar	နေရောင်ခြည်သုံးဘတ်ထရီ	nei jaun gje dhoun: ba' hta ji
escafandra (f)	အာကာသဝတ်စုံ	akatha. wu' soun

ingravidez (f)	အလေးချိန်ကင်းမဲ့ခြင်း	alei: gjein gin: me. gjin:
oxígeno (m)	အောက်ဆီဂျင်	au' hsi gjin

atraque (m)	အာကာသထဲရှိတ်ဆက်ခြင်း	akatha. hte: chei' hse' chin:
realizar el atraque	အာကာသထဲရှိတ်ဆက်သည်	akatha. hte: chei' hse' te

observatorio (m)	နက္ခတ်မျှော်စင်	ne' kha' ta. mjo zin
telescopio (m)	အဝေးကြည့်မှန်ပြောင်း	awei: gji. hman bjaun:
observar (vt)	လေ့လာကြည့်ရှုသည်	lei. la kji. hju. de
explorar (~ el universo)	သုတေသနပြုသည်	thu. tei thana bjou de

75. La tierra

Tierra (f)	ကမ္ဘာမြေကြီး	ga ba mjei kji:
globo (m) terrestre	ကမ္ဘာလုံး	ga ba loun:
planeta (m)	ပြိုဟ်	gjou

atmósfera (f)	လေထု	lei du.
geografía (f)	ပထဝီဝင်	pahtawi win
naturaleza (f)	သဘာဝ	tha. bawa

globo (m) terráqueo	ကမ္ဘာလုံး	ga ba loun:
mapa (m)	မြေပုံ	mjei boun
atlas (m)	မြေပုံစာအုပ်	mjei boun za ou'

Europa (f)	ဥရောပ	u. jo: pa
Asia (f)	အာရှ	a sha.

África (f)	အာဖရိက	apha. ri. ka.
Australia (f)	သြစတြေးလျ	thja za djei: lja

América (f)	အမေရိက	amei ji ka
América (f) del Norte	မြောက်အမေရိက	mjau' amei ri. ka.
América (f) del Sur	တောင်အမေရိက	taun amei ri. ka.

Antártida (f)	အန္တာတိတ်	anta di'
Ártico (m)	အာတိတ်	a tei'

76. Los puntos cardinales

norte (m)	မြောက်အရပ်	mjau' aja'
al norte	မြောက်ဘက်သို့	mjau' be' thou.
en el norte	မြောက်ဘက်မှာ	mjau' be' hma
del norte (adj)	မြောက်အရပ်နှင့်ဆိုင်သော	mjau' aja' hnin. zain de.

sur (m)	တောင်အရပ်	taun aja'
al sur	တောင်ဘက်သို့	taun be' thou.
en el sur	တောင်ဘက်မှာ	taun be' hma
del sur (adj)	တောင်အရပ်နှင့်ဆိုင်သော	taun aja' hnin. zain de.

oeste (m)	အနောက်အရပ်	anau' aja'
al oeste	အနောက်ဘက်သို့	anau' be' thou.
en el oeste	အနောက်ဘက်မှာ	anau' be' hma
del oeste (adj)	အနောက်အရပ်နှင့်ဆိုင်သော	anau' aja' hnin. zain dho:

este (m)	အရှေ့အရပ်	ashei. aja'
al este	အရှေ့ဘက်သို့	ashei. be' hma
en el este	အရှေ့ဘက်မှာ	ashei. be' hma
del este (adj)	အရှေ့အရပ်နှင့်ဆိုင်သော	ashei. aja' hnin. zain de.

77. El mar. El océano

mar (m)	ပင်လယ်	pin le
océano (m)	သမုဒ္ဒရာ	thamou' daja
golfo (m)	ပင်လယ်ကွေ့	pin le gwe.
estrecho (m)	ရေလက်ကြား	jei le' kja:

| tierra (f) firme | ကုန်းမြေ | koun: mei |
| continente (m) | တိုက် | tai' |

isla (f)	ကျွန်း	kjun:
península (f)	ကျွန်းဆွယ်	kjun: zwe
archipiélago (m)	ကျွန်းစု	kjun: zu.

bahía (f)	အော်	o
ensenada, bahía (f)	သင်္ဘောဆိပ်ကမ်း	thin: bo: zei' kan:
laguna (f)	ပင်လယ်ထုံးအိုင်	pin le doun: ain
cabo (m)	အငူ	angu

atolón (m)	သန္တာကျောက်တန်းကျွန်းငယ်	than da gjau' tan: gjun: nge
arrecife (m)	ကျောက်တန်း	kjau' tan:
coral (m)	သန္တာကောင်	than da gaun
arrecife (m) de coral	သန္တာကျောက်တန်း	than da gjau' tan:

profundo (adj)	နက်သော	ne' te.
profundidad (f)	အနက်	ane'
abismo (m)	ချောက်နက်ကြီး	chau' ne' kji:
fosa (f) oceánica	မြောင်း	mjaun:

| corriente (f) | စီးကြောင်း | si: gaun: |
| bañar (rodear) | ဝိုင်းသည် | wain: de |

orilla (f)	ကမ်းစပ်	kan: za'
costa (f)	ကမ်းခြေ	kan: gjei
flujo (m)	ရေတက်	jei de'
reflujo (m)	ရေကျ	jei gja.
banco (m) de arena	သောင်စွယ်	thaun zwe
fondo (m)	ကွန်းပြင်	kan: pjin
ola (f)	လှိုင်း	hlain:
cresta (f) de la ola	လှိုင်းခေါင်းဖြူ	hlain: gaun: bju.
espuma (f)	အမြှုပ်	a hmjou'
tempestad (f)	မုန်တိုင်း	moun dain:
huracán (m)	ဟာရီကိန်းမုန်တိုင်း	ha ji gain: moun dain:
tsunami (m)	ဆူနာမိ	hsu na mi
bonanza (f)	ရေဒသ	jei dhei
calmo, tranquilo	ငြိမ်သက်အေးဆေးသော	njein dhe' ei: zei: de.
polo (m)	ဝင်ရိုးစွန်း	win jou: zun
polar (adj)	ဝင်ရိုးစွန်းနှင့်ဆိုင်သော	win jou: zun hnin. zain de.
latitud (f)	လတ္တီတွဒ်	la' ti. tu'
longitud (f)	လောင်ဂျီတွဒ်	laun gji twa'
paralelo (m)	လတ္တီတွဒ်မျိုး	la' ti. tu' mjin:
ecuador (m)	အီကွေတာ	i kwei: da
cielo (m)	ကောင်းကင်	kaun: gin
horizonte (m)	မိုးကုပ်စက်ဝိုင်း	mou kou' se' wain:
aire (m)	လေထု	lei du.
faro (m)	မီးပြတိုက်	mi: bja dai'
bucear (vi)	ရေငုပ်သည်	jei ngou' te
hundirse (vr)	ရေမြုပ်သည်	jei mjou' te
tesoros (m pl)	ရတနာ	jadana

78. Los nombres de los mares y los océanos

océano (m) Atlántico	အတ္တလန္တိတ် သမုဒ္ဒရာ	a' ta. lan ti' thamou' daja
océano (m) Índico	အိန္ဒိယ သမုဒ္ဒရာ	indi. ja thamou. daja
océano (m) Pacífico	ပစိဖိတ် သမုဒ္ဒရာ	pa. si. hpi' thamou' daja
océano (m) Glacial Ártico	အာတိတ် သမုဒ္ဒရာ	a tei' thamou' daja
mar (m) Negro	ပင်လယ်နက်	pin le ne'
mar (m) Rojo	ပင်လယ်နီ	pin le ni
mar (m) Amarillo	ပင်လယ်ဝါ	pin le wa
mar (m) Blanco	ပင်လယ်ဖြူ	pin le bju
mar (m) Caspio	ကက်စပီယန် ပင်လယ်	ke' za. pi jan pin le
mar (m) Muerto	ပင်လယ်သေ	pin le dhe:
mar (m) Mediterráneo	မြေထဲပင်လယ်	mjei hte: bin le
mar (m) Egeo	အေဂျီယန်းပင်လယ်	ei gi jan: bin le
mar (m) Adriático	အဒရိဿတစ်ပင်လယ်	a da yi ya ti' pin le
mar (m) Arábigo	အာရေဘီးယန်း ပင်လယ်	a ra bi: an: bin le

mar (m) del Japón	ဂျပန် ပင်လယ်	gja pan pin le
mar (m) de Bering	ဘယ်ရင်း ပင်လယ်	be jin: bin le
mar (m) de la China Meridional	တောင်တရုတ်ပင်လယ်	taun dajou' pinle
mar (m) del Coral	ကော်ရယ်လ်ပင်လယ်	ko je l pin le
mar (m) de Tasmania	တက်စမန်းပင်လယ်	te' sa. man: bin le
mar (m) Caribe	ကာရေးဘီးယန်းပင်လယ်	ka rei: bi: jan: bin le
mar (m) de Barents	ဘာရန့်စ် ပင်လယ်	ba jan's bin le
mar (m) de Kara	ကာရာ ပင်လယ်	kara bin le
mar (m) del Norte	မြောက်ပင်လယ်	mjau' pin le
mar (m) Báltico	ဘောလ်တစ်ပင်လယ်	bo' l ti' pin le
mar (m) de Noruega	နော်ဝေးဂျီယန်း ပင်လယ်	no wei: bin le

79. Las montañas

montaña (f)	တောင်	taun
cadena (f) de montañas	တောင်တန်း	taun dan:
cresta (f) de montañas	တောင်ကြော	taun gjo:
cima (f)	ထိပ်	htei'
pico (m)	တောင်ထွတ်	taun htu'
pie (m)	တောင်ခြေ	taun gjei
cuesta (f)	တောင်စောင်း	taun zaun:
volcán (m)	မီးတောင်	mi: daun
volcán (m) activo	မီးတောင်ရှင်	mi: daun shin
volcán (m) apagado	မီးငြိမ်းတောင်	mi: njein: daun
erupción (f)	မီးတောင်ပေါက်ကွဲခြင်း	mi: daun pau' kwe: gjin:
cráter (m)	မီးတောင်ဝ	mi: daun wa.
magma (m)	ကျောက်ရည်ပူ	kjau' ji bu
lava (f)	ချော်ရည်	cho ji
fundido (lava ~a)	အရမ်းပူသော	ajam: bu de.
cañón (m)	တောင်ကြားချိုင့်ဝှမ်းနက်	taun gja: gjain. hwan: ne'
desfiladero (m)	တောင်ကြား	taun gja:
grieta (f)	အက်ကွဲကြောင်း	e' kwe: gjaun:
precipicio (m)	ချောက်ကမ်းပါး	chau' kan: ba:
puerto (m) (paso)	တောင်ကြားလမ်း	taun gja: lan:
meseta (f)	ကုန်းပြင်မြင့်	koun: bjin mjin:
roca (f)	ကျောက်ဆောင်	kjau' hsain
colina (f)	တောင်ကုန်း	taun goun:
glaciar (m)	ရေခဲမြစ်	jei ge: mji'
cascada (f)	ရေတံခွန်	jei dan khun
geiser (m)	ရေပူစမ်း	jei bu zan:
lago (m)	ရေကန်	jei gan
llanura (f)	မြေပြန့်	mjei bjan:
paisaje (m)	ရှုခင်း	shu. gin:

eco (m)	ပဲ့တင်သံ	pe. din than
alpinista (m)	တောင်တက်သမား	taun de' thama:
escalador (m)	ကျောက်တောင်တက်သမား	kjau' taun de dha ma:
conquistar (vt)	အောင်နိုင်သူ	aun nain dhu
ascensión (f)	တောင်တက်ခြင်း	taun de' chin:

80. Los nombres de las montañas

Alpes (m pl)	အဲလ်ပ်တောင်	e.lp daun
Montblanc (m)	မောင့်ဘလန့်စ်တောင်	maun. ba. lan. s taun
Pirineos (m pl)	ပိုရန်းနီးစ်တောင်	pi jan: ni:s taun
Cárpatos (m pl)	ကာပသီယန့်စ်တောင်	ka pa. dhi jan s taun
Urales (m pl)	ယူရယ်တောင်တန်း	ju re daun dan:
Cáucaso (m)	ကော့ကေးဇ့်တောင်တန်း	ko: kei: zi' taun dan:
Elbrus (m)	အယ်ဘရက်စ်တောင်	e ba. ja's daun
Altai (m)	အယ်လတိုင်တောင်	e la. tain daun
Tian-Shan (m)	တိုင်ယန့်ရှန်းတောင်	tain jan shin: daun
Pamir (m)	ပါမီယာတောင်တန်း	pa mi ja daun dan:
Himalayos (m pl)	ဟိမဝန္တာတောင်တန်း	hi. ma. wan da daun dan:
Everest (m)	ဧဝရတ်တောင်	ei wa. ja' taun
Andes (m pl)	အန်းဒီးတောင်တန်း	an: di daun dan:
Kilimanjaro (m)	ကီလီမန်ဂျာဂိုတောင်	ki li man gja gou daun

81. Los ríos

río (m)	မြစ်	mji'
manantial (m)	စမ်း	san:
lecho (m) (curso de agua)	ရေကြောင်းကြောင်း	jei gjo: zi: gjaun:
cuenca (f) fluvial	မြစ်ချိုင့်ဝှမ်း	mji' chain. hwan:
desembocar en ...	စီးဝင်သည်	si: win de
afluente (m)	မြစ်လက်တက်	mji' le' te'
ribera (f)	ကမ်း	kan:
corriente (f)	စီးကြောင်း	si: gaun:
río abajo (adv)	ရေရုန့်	jei zoun
río arriba (adv)	ရေဆန့်	jei zan
inundación (f)	ရေကြီးမှု	jei gji: hmu.
riada (f)	ရေလျှံခြင်း	jei shan gjin:
desbordarse (vr)	လျှံသည်	shan de
inundar (vt)	ရေလွှမ်းသည်	jei hlwan: de
bajo (m) arenoso	ရေတိမ်ပိုင်း	jei dein bain:
rápido (m)	ရေအောက်ကျောက်ဆောင်	jei au' kjau' hsaun
presa (f)	ဆည်	hse
canal (m)	တူးမြောင်း	tu: mjaun:
lago (m) artificiale	ရေလှောင်ကန်	jei hlaun gan

esclusa (f)	ရေလွှဲပေါက်	jei hlwe: bau'
cuerpo (m) de agua	ရေထု	jei du.
pantano (m)	ရွှံ့ညွန်	shwan njun
ciénaga (f)	စိမ့်မြေ	sein. mjei
remolino (m)	ရေဝဲ	jei we:
arroyo (m)	ချောင်းကလေး	chaun: galei:
potable (adj)	သောက်ရေ	thau' jei
dulce (agua ~)	ရေချို	jei gjou
hielo (m)	ရေခဲ	jei ge:
helarse (el lago, etc.)	ရေခဲသည်	jei ge: de

82. Los nombres de los ríos

Sena (m)	စိန်မြစ်	sein mji'
Loira (m)	လော်ရီမြစ်	lo ji mji'
Támesis (m)	သိမ်းမြစ်	thain: mji'
Rin (m)	ရိုင်းမြစ်	rain: mji'
Danubio (m)	ဒင်နယူမြစ်	din na. ju mji'
Volga (m)	ဗော်လဂါမြစ်	bo la. ga mja'
Don (m)	ဒွန်မြစ်	dun mja'
Lena (m)	လီနာမြစ်	li na mji'
Río (m) Amarillo	မြစ်ဝါ	mji' wa
Río (m) Azul	ရမ်ဇီးမြစ်	jan zi: mji'
Mekong (m)	မဲခေါင်မြစ်	me: gaun mji'
Ganges (m)	ဂင်္ဂါမြစ်	gan ga. mji'
Nilo (m)	နိုင်းမြစ်	nain: mji'
Congo (m)	ကွန်ဂိုမြစ်	kun gou mji'
Okavango (m)	အိုကာဗန်ဂိုမြစ်	ai' hou ban
Zambeze (m)	ဇမ်ဘီဇီးမြစ်	zan bi zi: mji'
Limpopo (m)	လင်ပိုပိုမြစ်	lin po pou mji'
Misisipi (m)	မစ်စစ္စပီမြစ်	mi' si. si. pi. mji'

83. El bosque

bosque (m)	သစ်တော	thi' to:
de bosque (adj)	သစ်တောနှင့်ဆိုင်သော	thi' to: hnin. zain de.
espesura (f)	ထူထပ်သောတော	htu da' te. do:
bosquecillo (m)	သစ်ပင်အုပ်	thi' pin ou'
claro (m)	တောတွင်းလဟာပြင်	to: dwin: la. ha bjin
maleza (f)	ချုံပိတ်ပေါင်း	choun bei' paun:
matorral (m)	ချုံထနောင်းတော	choun hta naun: de.
senda (f)	လူသွားလမ်းကလေး	lu dhwa: lan: ga. lei:
barranco (m)	လျှို	shou

árbol (m)	သစ်ပင်	thi' pin
hoja (f)	သစ်ရွက်	thi' jwe'
follaje (m)	သစ်ရွက်များ	thi' jwe' mja:

caída (f) de hojas	သစ်ရွက်ကြွခြင်း	thi' jwe' kjwei gjin:
caer (las hojas)	သစ်ရွက်ကြွသည်	thi' jwe' kjwei de
cima (f)	အဖျား	ahpja:

rama (f)	အကိုင်းခွဲ	akain: khwe:
rama (f) (gruesa)	ပင်မကိုင်း	pin ma. gain:
brote (m)	အဖူး	ahpu:
aguja (f)	အပ်နှင့်တူသောအရွက်	a' hnin. bu de. ajwe'
piña (f)	ထင်းရှူးသီး	htin: shu: dhi:

| agujero (m) | အခေါင်းပေါက် | akhaun: bau' |
| nido (m) | ငှက်သိုက် | hnge' thai' |

tronco (m)	ပင်စည်	pin ze
raíz (f)	အမြစ်	amji'
corteza (f)	သစ်ခေါက်	thi' khau'
musgo (m)	ရေညှိ	jei hnji.

extirpar (vt)	အမြစ်မှုရွဲနုတ်သည်	amji' hma zwe: hna' te
talar (vt)	ခုတ်သည်	khou' te
deforestar (vt)	တောပြုန်းစေသည်	to: bjoun: zei de
tocón (m)	သစ်ငုတ်တို	thi' ngou' tou

hoguera (f)	မီးပုံ	mi: boun
incendio (m) forestal	မီးလောင်ခြင်း	mi: laun gjin:
apagar (~ el incendio)	မီးသတ်သည်	mi: tha' de

guarda (m) forestal	တောခေါင်း	to: gaun:
protección (f)	သစ်တောဝန်ထမ်း	thi' to: wun dan:
proteger (vt)	ထိန်းသိမ်းစောင့်ရှောက်သည်	htein: dhein: zaun. shau' te
cazador (m) furtivo	ခိုးယူသူ	khou: ju dhu
cepo (m)	သံမဏိထောင်ချောက်	than mani. daun gjau'

recoger (setas)	ဆွတ်သည်	hsu' te
recoger (bayas)	ခူးသည်	khu: de
perderse (vr)	လမ်းပျောက်သည်	lan: bjau' de

84. Los recursos naturales

recursos (m pl) naturales	သယံဇာတ	thajan za da.
recursos (m pl) subterráneos	တွင်းထွက်ပစ္စည်း	twin: htwe' pji' si:
depósitos (m pl)	နုန်း	noun:
yacimiento (m)	ဓာတ်သတ္တုထွက်ရာမြေ	da' tha' tu dwe' ja mjei

extraer (vt)	တူးဖော်သည်	tu: hpo de
extracción (f)	တူးဖော်ခြင်း	tu: hpo gjin:
mena (f)	သတ္တုရိုင်း	tha' tu. jain:
mina (f)	သတ္တုတွင်း	tha' tu. dwin:
pozo (m) de mina	မိုင်းတွင်း	main: dwin:
minero (m)	သတ္တုတွင်း အလုပ်သမား	tha' tu. dwin: alou' thama:

| gas (m) | တက်ငွေ့ | da' ngwei. |
| gasoducto (m) | ဓါတ်ငွေ့ပိုက်လိုင်း | da' ngwei. bou' lain: |

petróleo (m)	ရေနံ	jei nan
oleoducto (m)	ရေနံပိုက်လိုင်း	jei nan bou' lain:
pozo (m) de petróleo	ရေနံတွင်း	jei nan dwin:
torre (f) de sondeo	ရေနံတင်	jei nan zin
petrolero (m)	လောင်စာတင်သဘော	laun za din dhin bo:

arena (f)	သဲ	the:
caliza (f)	ထုံးကျောက်	htoun: gjau'
grava (f)	ကျောက်စရစ်	kjau' sa. ji'
turba (f)	မြေဆွေးခဲ	mjei zwei: ge:
arcilla (f)	မြေစေး	mjei zei:
carbón (m)	ကျောက်မီးသွေး	kjau' mi dhwei:

hierro (m)	သံ	than
oro (m)	ရွှေ	shwei
plata (f)	ငွေ	ngwei
níquel (m)	နီကယ်	ni ke
cobre (m)	ကြေးနီ	kjei: ni

zinc (m)	သွပ်	thu'
manganeso (m)	မဂနီစ်	ma' ga. ni:s
mercurio (m)	ပြဒါး	bada:
plomo (m)	ခဲ	khe:

mineral (m)	သတ္တုစား	tha' tu. za:
cristal (m)	သလင်းကျောက်	thalin: gjau'
mármol (m)	စကျင်ကျောက်	zagjin kjau'
uranio (m)	ယူရေနီယမ်	ju rei ni jan

85. El tiempo

| tiempo (m) | ရာသီဥတု | ja dhi nja. tu. |
| previsión (f) del tiempo | မိုးလေဝသခန့်မှန်းချက် | mou: lei wa. dha. gan. hman: gje' |

temperatura (f)	အပူရှိန်	apu gjein
termómetro (m)	သာမိုမီတာ	tha mou mi ta
barómetro (m)	လေဖိအားတိုင်းကိရိယာ	lei bi. a: dain: gi. ji. ja

| húmedo (adj) | စိုထိုင်းသော | sou htain: de |
| humedad (f) | စိုထိုင်းမှု | sou htain: hmu. |

bochorno (m)	အပူရှိန်	apu shein
tórrido (adj)	ပူလောင်သော	pu laun de.
hace mucho calor	ပူလောင်ခြင်း	pu laun gjin:

| hace calor (templado) | နွေးခြင်း | nwei: chin: |
| templado (adj) | နွေးသော | nwei: de. |

hace frío	အေးခြင်း	ei: gjin:
frío (adj)	အေးသော	ei: de.
sol (m)	နေ	nei

brillar (vi)	သာသည်	tha de
soleado (un día ~)	နေသာသော	nei dha de.
elevarse (el sol)	နေထွက်သည်	nei dwe' te
ponerse (vr)	နေဝင်သည်	nei win de

nube (f)	တိမ်	tein
nuboso (adj)	တိမ်ထူသော	tein du de
nubarrón (m)	မိုးတိမ်	mou: dain
nublado (adj)	ညို့မှိုင်းသော	njou. hmain: de.

lluvia (f)	မိုး	mou:
está lloviendo	မိုးရွာသည်	mou: jwa de.
lluvioso (adj)	မိုးရွာသော	mou: jwa de.
lloviznar (vi)	ပေါ့ဖွဲ့ရွာသည်	mou: bwe: bwe: jwa de

aguacero (m)	သည်းထန်စွာရွာသောမိုး	thi: dan zwa jwa dho: mou:
chaparrón (m)	မိုးပုဆိန်	mou: bu. zain
fuerte (la lluvia ~)	မိုးသည်းသော	mou: de: de.
charco (m)	ရေအိုင်	jei ain
mojarse (vr)	မိုးမိသည်	mou: mi de

niebla (f)	မြူ	mju
nebuloso (adj)	မြူထူထပ်သော	mju htu hta' te.
nieve (f)	နှင်း	hnin:
está nevando	နှင်းကျသည်	hnin: gja. de

86. Los eventos climáticos severos. Los desastres naturales

tormenta (f)	မိုးသက်မုန်တိုင်း	mou: dhe' moun dain:
relámpago (m)	လျှပ်စီး	hlja' si:
relampaguear (vi)	လျှပ်ပြက်သည်	hlja' pje' te

trueno (m)	မိုးကြိုး	mou: kjou:
tronar (vi)	မိုးကြိုးပစ်သည်	mou: gjou: pi' te
está tronando	မိုးကြိုးပစ်သည်	mou: gjou: pi' te

| granizo (m) | မိုးသီး | mou: dhi: |
| está granizando | မိုးသီးကြွေသည် | mou: dhi: gjwei de |

| inundar (vt) | ရေကြီးသည် | jei gji: de |
| inundación (f) | ရေကြီးမှု | jei gji: hmu. |

terremoto (m)	ငလျင်	nga ljin
sacudida (f)	တုန်ခါခြင်း	toun ga gjin:
epicentro (m)	ငလျင်ဗဟိုချက်	nga ljin ba hou che'

| erupción (f) | မီးတောင်ပေါက်ကွဲခြင်း | mi: daun pau' kwe: gjin: |
| lava (f) | ချော်ရည် | cho ji |

torbellino (m)	လေဆင်နှာမောင်း	lei zin hna maun:
tornado (m)	လေဆင်နှာမောင်း	lei zin hna maun:
tifón (m)	တိုင်ဖွန်းမုန်တိုင်း	tain hpun moun dain:
huracán (m)	ဟာရီကိန်းမုန်တိုင်း	ha ji gain: moun dain:
tempestad (f)	မုန်တိုင်း	moun dain:

tsunami (m)	ဆူနာမီ	hsu na mi
ciclón (m)	ဆိုင်ကလုန်းမုန်တိုင်း	hsain ga. loun: moun dain:
mal tiempo (m)	ဆိုးရွားသောရာသီဥတု	hsou: jwa: de. ja dhi u. tu.
incendio (m)	မီးလောင်ခြင်း	mi: laun gjin:
catástrofe (f)	ဘေးအန္တရာယ်	bei: an daje
meteorito (m)	ဥက္ကာခဲ	ou' ka ge:
avalancha (f)	ရေခဲနှင့်ကျောက်တုံး များထိုးကျခြင်း	jei ge: hnin kjau' toun: mja: htou: gja. gjin:
alud (m) de nieve	လေထဲကိုပြိုကျခြင်းဖြစ်နေ သောနှင်းပုံ	lei dou' hpji: bi' nei dho: hnin: boun
ventisca (f)	နှင်းမုန်တိုင်း	hnin: moun dain:
nevasca (f)	နှင်းမုန်တိုင်း	hnin: moun dain:

LA FAUNA

87. Los mamíferos. Los predadores

carnívoro (m)	သားရဲ	tha: je:
tigre (m)	ကျား	kja:
león (m)	ခြင်္သေ့	chin dhei.
lobo (m)	ဝံပုလွေ	wun bu. lwei
zorro (m)	မြေခွေး	mjei gwei:
jaguar (m)	ဂျာကွာကျားသစ်မျိုး	gja gwa gja: dhi' mjou:
leopardo (m)	ကျားသစ်	kja: dhi'
guepardo (m)	သစ်ကျွတ်	thi' kjou'
pantera (f)	ကျားသစ်နက်	kja: dhi' ne'
puma (f)	ပျူမားတောင်ခြေသေ့	pju. ma: daun gjin dhei.
leopardo (m) de las nieves	ရေခဲတောင်ကျားသစ်	jei ge: daun gja: dhi'
lince (m)	လင့်ကြောင်ကြီးတို့	lin. gjaun mji: dou
coyote (m)	ဝံပုလွေငယ်တစ်မျိုး	wun bu. lwei nge di' mjou:
chacal (m)	ခွေးအ	khwei: a.
hiena (f)	ဟိုင်းအီးနား	hain i: na:

88. Los animales salvajes

animal (m)	တိရစ္ဆာန်	tharei' hsan
bestia (f)	ခြေလေးချောင်းသတ္တဝါ	chei lei: gjaun: dhadawa
ardilla (f)	ရှဉ့်	shin.
erizo (m)	ဖြူကောင်	hpju gaun
liebre (f)	တောယုန်ကြီး	to: joun gji:
conejo (m)	ယုန်	joun
tejón (m)	ခွေးတူဝက်တူကောင်	khwei: du we' tu gaun
mapache (m)	ရက်ကွန်းဝံ	je' kwan: wan
hámster (m)	မြီးတိုပါးတွဲကြွက်	mji: dou ba: dwe: gjwe'
marmota (f)	မားမို့တ်ကောင်	ma: mou. t gaun
topo (m)	ပွေး	pwei:
ratón (m)	ကြွက်	kjwe'
rata (f)	မြေကြွက်	mjei gjwe'
murciélago (m)	လင်းနို့	lin: nou.
armiño (m)	အားမင်ကောင်	a: min gaun
cebellina (f)	ဆေဘယ်	hsei be
marta (f)	အသားစားအကောင်ငယ်	atha: za: akaun nge
comadreja (f)	သားစားဖျံ	tha: za: bjan
visón (m)	မင်ခံခြေပါ	min kh mjwei ba

| castor (m) | ဖျံကြီးတစ်မျိုး | hpjan gji: da' mjou: |
| nutria (f) | ဖျံ | hpjan |

caballo (m)	မြင်း	mjin:
alce (m)	ဦးချိုပြားသော သမင်ကြီး	u: gjou bja: dho: thamin gji:
ciervo (m)	သမင်	thamin
camello (m)	ကုလားအုတ်	kala: ou'

bisonte (m)	အမေရိကန်ပြောင်	amei ji kan pjaun
uro (m)	အောရက်စ်	o: re' s
búfalo (m)	ကျွဲ	kjwe:

cebra (f)	မြင်းကျား	mjin: gja:
antílope (m)	အပြေးမြန်သော တောဆိတ်	apjei: mjan de. hto: zei'
corzo (m)	ဒရယ်ငယ်တစ်မျိုး	da. je nge da' mjou:
gamo (m)	ဒရယ်	da. je
gamuza (f)	တောင်ဆိတ်	taun zei'
jabalí (m)	တောဝက်ထီး	to: we' hti:

ballena (f)	ဝေလငါး	wei la. nga:
foca (f)	ပင်လယ်ဖျံ	pin le bjan
morsa (f)	ဝါရက်စ်ဖျံ	wo: ra's hpjan
oso (m) marino	အမွေးပါသောပင် လယ်ဖျံ	amwei: pa dho: bin le hpjan
delfín (m)	လင်းပိုင်	lin: bain

oso (m)	ဝက်ဝံ	we' wun
oso (m) blanco	ပိုလာဝက်ဝံ	pou la we' wan
panda (f)	ပန်ဒါဝက်ဝံ	pan da we' wan

mono (m)	မျောက်	mjau'
chimpancé (m)	ချင်ပင်ဇီမျောက်ဝံ	chin pin zi mjau' wan
orangután (m)	အောရန်အူတန်လူဝံ	o ran u tan lu wun
gorila (m)	ဂေါရီလာမျောက်ဝံ	go ji la mjau' wun
macaco (m)	မာကာကွေမျောက်	ma ga gwei mjau'
gibón (m)	မျောက်လွှကျော်	mjau' hlwe: gjo

elefante (m)	ဆင်	hsin
rinoceronte (m)	ကြံ့	kjan.
jirafa (f)	သစ်ကုလားအုတ်	thi' ku. la ou'
hipopótamo (m)	ရေမြင်း	jei mjin:

| canguro (m) | သားပိုက်ကောင် | tha: bai' kaun |
| koala (f) | ကိုအာလာဝက်ဝံ | kou a la we' wun |

mangosta (f)	မွေပါ	mwei ba
chinchilla (f)	ချင်းချီလာ	chin: chi la
mofeta (f)	စကန့်ခ်ဖျံ	sakan. kh hpjan
espín (m)	ဖြူ	hpju

89. Los animales domésticos

gata (f)	ကြောင်	kjaun
gato (m)	ကြောင်ထီး	kjaun di:
perro (m)	ခွေး	khwei:

caballo (m)	မြင်း	mjin:
garañón (m)	မြင်းထီး	mjin: di:
yegua (f)	မြင်းမ	mjin: ma.
vaca (f)	နွား	nwa:
toro (m)	နွားထီး	nwa: di:
buey (m)	နွားထီး	nwa: di:
oveja (f)	သိုး	thou:
carnero (m)	သိုးထီး	thou: hti:
cabra (f)	ဆိတ်	hsei'
cabrón (m)	ဆိတ်ထီး	hsei' hti:
asno (m)	မြည်း	mji:
mulo (m)	လား	la:
cerdo (m)	ဝက်	we'
cerdito (m)	ဝက်ကလေး	we' ka lei:
conejo (m)	ယုန်	joun
gallina (f)	ကြက်	kje'
gallo (m)	ကြက်ဖ	kje' pha.
pato (m)	ဘဲ	be:
ánade (m)	ဘဲထီး	be: di:
ganso (m)	ဘဲငန်း	be: ngan:
pavo (m)	ကြက်ဆင်	kje' hsin
pava (f)	ကြက်ဆင်	kje' hsin
animales (m pl) domésticos	အိမ်မွေးတိရစ္ဆာန်များ	ein mwei: ti. ji. swan mja:
domesticado (adj)	ယဉ်ပါးသော	jin ba: de.
domesticar (vt)	ယဉ်ပါးစေသည်	jin ba: zei de
criar (vt)	သားပေါက်သည်	tha: bau' te
granja (f)	စိုက်ပျိုးမွေးမြူရေးခြံ	sai' pjou: mwei: mju jei: gjan
aves (f pl) de corral	ကြက်ဒုက်တိရစ္ဆာန်	kje' ti ji za hsan
ganado (m)	ကျွဲနွားတိရစ္ဆာန်	kjwe: nwa: tarei. zan
rebaño (m)	အုပ်	ou'
caballeriza (f)	မြင်းဇောင်း	mjin: zaun:
porqueriza (f)	ဝက်ခြံ	we' khan
vaquería (f)	နွားတင်းကုပ်	nwa: din: gou'
conejal (m)	ယုန်အိမ်	joun ein
gallinero (m)	ကြက်လှောင်အိမ်	kje' hlaun ein

90. Los pájaros

pájaro (m)	ငှက်	hnge'
paloma (f)	ခို	khou
gorrión (m)	စာကလေး	sa ga, lei;
carbonero (m)	စာဝတီးငှက်	sa wadi: hnge'
urraca (f)	ငှက်ကျား	hnge' kja:
cuervo (m)	ကျီးနက်	kji: ne'

corneja (f)	ကျီးကန်း	kji: kan:
chova (f)	ဥရောပကျီးတစ်မျိုး	u. jo: pa gji: di' mjou:
grajo (m)	ကျီးအ	kji: a.

pato (m)	ဘဲ	be:
ganso (m)	ဘဲငန်း	be: ngan:
faisán (m)	ရစ်ငှက်	ji' hnge'

águila (f)	လင်းယုန်	lin: joun
azor (m)	သိမ်းငှက်	thain: hnge'
halcón (m)	အမဲလိုက်သိမ်းငှက်တစ်မျိုး	ame: lai' thein: hnge' ti' mjou:
buitre (m)	လင်းတ	lin: da.
cóndor (m)	တောင်အမေရိကလင်းတ	taun amei ri. ka. lin: da.

cisne (m)	ငန်း	ngan:
grulla (f)	ငှက်ကုလား	hnge' ku. la:
cigüeña (f)	ချည်ခင်စွပ်ငှက်	che gin zu' hnge'

loro (m), papagayo (m)	ကြက်တူရွေး	kje' tu jwei:
colibrí (m)	ငှက်ပိတုန်း	hnge' pi. doun:
pavo (m) real	ဥဒေါင်း	u. daun:

avestruz (m)	ငှက်ကုလားအုတ်	hnge' ku. la: ou'
garza (f)	ဟောင်ငှက်	nga hi' hnge'
flamenco (m)	ကြိုးကြာနီ	kjou: kja: ni
pelícano (m)	ငှက်ကြီးဝမ်းပို	hnge' kji: wun bou

| ruiseñor (m) | တေးဆိုငှက် | tei: hsou hnge' |
| golondrina (f) | ပျိုလွှား | pjan hlwa: |

tordo (m)	မြေလူးငှက်	mjei lu: hnge'
zorzal (m)	တေးဆိုမြေလူးငှက်	tei: hsou mjei lu: hnge'
mirlo (m)	ငှက်မည်း	hnge' mji:

vencejo (m)	ပျိုလွှားတစ်မျိုး	pjan hlwa: di' mjou:
alondra (f)	ဘီလုံးငှက်	bi loun: hnge'
codorniz (f)	ငုံး	ngoun:

pájaro carpintero (m)	သစ်တောက်ငှက်	thi' tau' hnge'
cuco (m)	ဥသျှငှက်	udhja hnge'
lechuza (f)	ဇီးကွက်	zi: gwe
búho (m)	သိမ်းငှက်အနွယ်ဝင်ဇီးကွက်	thain: hnge' anwe win zi: gwe'
urogallo (m)	ရစ်	ji'
gallo lira (m)	ရစ်နက်	ji' ne'
perdiz (f)	ခါ	kha

estornino (m)	ကျွဆက်ရက်	kjwe: hse' je'
canario (m)	စာဝါငှက်	sa wa hnge'
ortega (f)	ရစ်ညို	ji' njou

| pinzón (m) | စာကျွခေါင်း | sa gjwe: gaun: |
| camachuelo (m) | စာကျွခေါင်းငှက် | sa gjwe: gaun: hngwe' |

gaviota (f)	စင်ရော်	sin jo
albatros (m)	ပင်လယ်စင်ရော်ကြီး	pin le zin jo gji:
pingüino (m)	ပင်ဝင်း	pin gwin:

91. Los peces. Los animales marinos

brema (f)	ငါးကြင်းတစ်မျိုး	nga: gjin: di' mjou
carpa (f)	ငါးကြင်း	nga gjin:
perca (f)	ငါးပြေမတစ်မျိုး	nga: bjei ma. di' mjou:
siluro (m)	ငါးခု	nga: gu
lucio (m)	ပိုက်ငါး	pai' nga

salmón (m)	ဆော်လမွန်ငါး	hso: la. mun nga:
esturión (m)	စတာဂျင်ငါးကြီးမျိုး	sata gjin nga: gji: mjou:

arenque (m)	ငါးသလောက်	nga: dha. lau'
salmón (m) del Atlántico	ဆော်လမွန်ငါး	hso: la. mun nga:
caballa (f)	မက်ကရယ်ငါး	me' ka. je nga:
lenguado (m)	ဥရောပ ငါးခွေး လျှာတစ်မျိုး	u. jo: pa nga: gwe: sha di' mjou:

lucioperca (f)	ငါးပြေမအနွယ်ဝင်ငါးတစ်မျိုး	nga: bjei ma. anwe win nga: di' mjou:
bacalao (m)	ငါးကြီးဆီထုတ်သောငါး	nga: gji: zi dou' de. nga:
atún (m)	တူနာငါး	tu na nga:
trucha (f)	ထရောက်ငါး	hta. jau' nga:

anguila (f)	ငါးရှင့်	nga: shin.
raya (f) eléctrica	ငါးလက်ထုံ	nga: le' htoun
morena (f)	ငါးရှင့်ကြီးတစ်မျိုး	nga: shin. gji: da' mjou:
piraña (f)	အသားစားငါးငယ်တစ်မျိုး	atha: za: nga: nge ti' mjou:

tiburón (m)	ငါးမန်း	nga: man:
delfín (m)	လင်းပိုင်	lin: bain
ballena (f)	ဝေလငါး	wei la. nga:

centolla (f)	ကကန်း	kanan:
medusa (f)	ငါးဖန်ခွက်	nga: hpan gwe'
pulpo (m)	ရေဘဝဲ	jei ba. we:

estrella (f) de mar	ကြယ်ငါး	kje nga:
erizo (m) de mar	သိပုမြုပ်	than ba. gjou'
caballito (m) de mar	ရေနဂါး	jei naga:

ostra (f)	ကမာကောင်	kama kaun
camarón (m)	ပုစွန်	bazun
bogavante (m)	ကျောက်ပုစွန်	kjau' pu. zun
langosta (f)	ကျောက်ပုစွန်	kjau' pu. zun

92. Los anfibios. Los reptiles

serpiente (f)	မြွေ	mwei
venenoso (adj)	အဆိပ်ရှိသော	ahsei' shi. de.

víbora (f)	မြွေပွေး	mwei bwei:
cobra (f)	မြွေဟောက်	mwei hau'
pitón (m)	စပါးအုံးမြွေ	saba: oun: mwei

boa (f)	စပါးကြီးမြွေ	saba: gji: mwei
culebra (f)	မြွက်လျှောမြွေ	mje' sho: mwei
serpiente (m) de cascabel	ခလောက်ဆွဲမြွေ	kha. lau' hswe: mwei
anaconda (f)	အနာကွန်ဒါမြွေ	ana kun da mwei
lagarto (m)	တွားသွားသတ္တဝါ	twa: dhwa: tha' tawa
iguana (f)	ဖွတ်	hpu'
varano (m)	ပုတ်သင်	pou' thin
salamandra (f)	ရေပုတ်သင်	jei bou' thin
camaleón (m)	ပုတ်သင်ညို	pou' thin njou
escorpión (m)	ကင်းမြီးကောက်	kin: mji: kau'
tortuga (f)	လိပ်	lei'
rana (f)	ဖား	hpa:
sapo (m)	ဖားပြုပ်	hpa: bju'
cocodrilo (m)	မိကျောင်း	mi. kjaun:

93. Los insectos

insecto (m)	ပိုးမွှား	pou: hmwa:
mariposa (f)	လိပ်ပြာ	lei' pja
hormiga (f)	ပုရွက်ဆိတ်	pu, jwe' hsei'
mosca (f)	ယင်ကောင်	jin gaun
mosquito (m) (picadura de ~)	ခြင်	chin
escarabajo (m)	ပိုးတောင်မာ	pou: daun ma
avispa (f)	နကျယ်ကောင်	na. gje gaun
abeja (f)	ပျား	pja:
abejorro (m)	ပိတုန်း	pi. doun:
moscardón (m)	မှက်	hme'
araña (f)	ပင့်ကု	pjin. gu
telaraña (f)	ပင့်ကုအိမ်	pjin gu ein
libélula (f)	ပုစဉ်း	bazin
saltamontes (m)	နံကောင်	hnan gaun
mariposa (f) nocturna	ပိုးဖလံ	pou: ba. lan
cucaracha (f)	ပိုးဟပ်	pou: ha'
garrapata (f)	မွှား	hmwa:
pulga (f)	သန်း	than:
mosca (f) negra	မှက်အသေးစား	hme' athei: za:
langosta (f)	ကျိုင်းကောင်	kjain: kaun
caracol (m)	ခရု	khaju.
grillo (m)	ပုရစ်	paji'
luciérnaga (f)	ပိုးရန်းကြူး	pou: zoun: gju:
mariquita (f)	လေဒီဘာပိုးတောင်မာ	lei di ba' pou: daun ma
sanjuanero (m)	အုန်းပိုး	oun: bou:
sanguijuela (f)	မျှော	hmjo.
oruga (f)	ပေါက်ဖတ်	pau' hpe'
lombriz (m) de tierra	တီကောင်	ti gaun
larva (f)	ပိုးတုံးလုံး	pou: doun: loun:

LA FLORA

94. Los árboles

árbol (m)	သစ်ပင်	thi' pin
foliáceo (adj)	ရွက်ပြတ်	jwe' pja'
conífero (adj)	ထင်းရှူးပင်နှင့်ဆိုင်သော	htin: shu: bin hnin. zain de.
de hoja perenne	အဲဘားဂရင်းပင်	e ba: ga rin: bin
manzano (m)	ပန်းသီးပင်	pan: dhi: bin
peral (m)	သစ်တော်ပင်	thi' to bin
cerezo (m)	ချယ်ရီသီးအချိုပင်	che ji dhi: akjou bin
guindo (m)	ချယ်ရီသီးအချဉ်ပင်	che ji dhi: akjin bin
ciruelo (m)	ဆီးပင်	hsi: bin
abedul (m)	ဘုဇဝတ်ပင်	bu. za. ba' pin
roble (m)	ဝက်သစ်ချပင်	we' thi' cha. bin
tilo (m)	လင်ဒန်ပင်	lin dan pin
pobo (m)	ပေါ်ပလာပင်တစ်မျိုး	po. pa. la bin di' mjou:
arce (m)	မေပဲပင်	mei pe bin
pícea (f)	ထင်းရှူးပင်တစ်မျိုး	htin: shu: bin ti' mjou:
pino (m)	ထင်းရှူးပင်	htin: shu: bin
alerce (m)	ကတော့ပုံထင်းရှူးပင်	ka dau. boun din: shu: pin
abeto (m)	ထင်းရှူးပင်တစ်မျိုး	htin: shu: bin ti' mjou:
cedro (m)	သစ်ကတိုးပင်	thi' gadou: bin
álamo (m)	ပေါ်ပလာပင်	po. pa. la bin
serbal (m)	ရာအန်ပင်	ra an bin
sauce (m)	မိုးမဂပင်	mou: ma. ga. bin
aliso (m)	အိုလ်ဒါပင်	oun da bin
haya (f)	ယင်းသစ်	jin: dhi'
olmo (m)	အမ်ပင်	an bin
fresno (m)	အက်ရှ်အပင်	e' sh apin
castaño (m)	သစ်အယ်ပင်	thi' e
magnolia (f)	တတိုင်းဟမွေးပင်	ta tain: hmwei: bin
palmera (f)	ထန်းပင်	htan: bin
ciprés (m)	စိုက်ပရက်စ်ပင်	sai' pa. je's pin
mangle (m)	လမုပင်	la. mu. bin
baobab (m)	ကွန္တာရပေါက်ပင်တစ်မျိုး	kan ta ja. bau' bin di' chju:
eucalipto (m)	ယူကလစ်ပင်	ju kali' pin
secoya (f)	ဆီကွိုလာပင်	hsi gwou la pin

95. Los arbustos

mata (f)	ချုံပုတ်	choun bou'
arbusto (m)	ချုံ	choun

| vid (f) | စပျစ် | zabji' |
| viñedo (m) | စပျစ်ခြံ | zabji' chan |

frambueso (m)	ရက်စဘယ်ရှီ	re' sa be ji
grosellero (m) negro	ဘလက်ကားရန့်	ba. le' ka: jan.
grosellero (m) rojo	အနီရောင်ဘယ်ရီသီး	ani jaun be ji dhi:
grosellero (m) espinoso	ကုလားဆီးဖြူပင်	kala: zi: hpju pin

acacia (f)	အကေရှားပင်	akei sha: bin:
berberís (m)	ဘားဘယ်ရီပင်	ba: be' ji bin
jazmín (m)	စံပယ်ပင်	san be bin

enebro (m)	ဂျူနီပါပင်	gju ni ba bin
rosal (m)	နှင်းဆီချုံ	hnin: zi gjun
escaramujo (m)	တောရိုင်းနှင်းဆီပင်	to: ein: hnin: zi bin

96. Las frutas. Las bayas

| fruto (m) | အသီး | athi: |
| frutos (m pl) | အသီးများ | athi: mja: |

manzana (f)	ပန်းသီး	pan: dhi:
pera (f)	သစ်တော်သီး	thi' to dhi:
ciruela (f)	ဆီးသီး	hsi: dhi:

fresa (f)	စတော်ဘယ်ရီသီး	sato be ri dhi:
guinda (f)	ချယ်ရီရင့်သီး	che ji gjin dhi:
cereza (f)	ချယ်ရီချို့သီး	che ji gjou dhi:
uva (f)	စပျစ်သီး	zabji' thi:

frambuesa (f)	ရက်စဘယ်ရီ	re' sa be ji
grosella (f) negra	ဘလက်ကားရန့်	ba. le' ka: jan.
grosella (f) roja	အနီရောင်ဘယ်ရီသီး	ani jaun be ji dhi:
grosella (f) espinosa	ကလားဆီးဖြူ	ka. la: his: hpju
arándano (m) agrio	ကရမ်ဘယ်ရီ	ka. jan be ji

naranja (f)	လိမ္မော်သီး	limmo dhi:
mandarina (f)	ပျားလိမ္မော်သီး	pja: lein mo dhi:
piña (f)	နာနတ်သီး	na na' dhi:
banana (f)	ငှက်ပျောသီး	hnge' pjo: dhi:
dátil (m)	စွန်ပလွံသီး	sun palun dhi:

limón (m)	သံပုရာသီး	than bu. jou dhi:
albaricoque (m)	တရုတ်ဆီးသီး	jau' hsi: dhi:
melocotón (m)	မက်မွန်သီး	me' mwan dhi:

| kiwi (m) | ကီဝီသီး | ki wi dhi |
| toronja (f) | ဂရိတ်ဖရုသီး | ga. ri' hpa. ju dhi: |

baya (f)	ဘယ်ရီသီး	be ji dhi:
bayas (f pl)	ဘယ်ရီသီးများ	be ji dhi: mja:
arándano (m) rojo	အနီရောင်ဘယ်ရီသီးတစ်မျိုး	ani jaun be ji dhi: di: mjou:
fresa (f) silvestre	စတော်ဘယ်ရီရိုင်	sato be ri jain:
arándano (m)	ဘီလဘယ်ရီအသီး	bi' l be ji athi:

97. Las flores. Las plantas

flor (f)	ပန်း	pan:
ramo (m) de flores	ပန်းစည်း	pan: ze:
rosa (f)	နှင်းဆီပန်း	hnin: zi ban:
tulipán (m)	ကျူလစ်ပန်း	kju: li' pan:
clavel (m)	ဇော်မွားပန်း	zo hmwa: bin:
gladiolo (m)	သစ္စာပန်း	thi' sa ban:
aciano (m)	အပြာရောင်တောပန်းတစ်မျိုး	apja jaun dho ban: da' mjou:
campanilla (f)	ခေါင်းရန်အပြာပန်း	gaun: jan: apja ban:
diente (m) de león	တောပန်းအဝါတစ်မျိုး	to: ban: awa ti' mjou:
manzanilla (f)	မေမြို့ပန်း	mei. mjou. ban:
áloe (m)	ရှားစောင်းလက်ပတ်ပင်	sha: zaun: le' pa' pin
cacto (m)	ရှားစောင်းပင်	sha: zaun: bin
ficus (m)	ရော်ဘာပင်	jo ba bin
azucena (f)	နှင်းပန်း	hnin: ban:
geranio (m)	ကြေ့ပန်းတစ်မျိုး	kjwei ban: da' mjou:
jacinto (m)	ဗေဒါပန်း	bei da ba:
mimosa (f)	ထိကရုံးကြီးပင်	hti. ga. joun: gji: bin
narciso (m)	နားစီဆက်စ်ပင်	na: zi ze's pin
capuchina (f)	တောင်ကြာကလေး	taun gja galei:
orquídea (f)	သစ်ခွပင်	thi' khwa. bin
peonía (f)	စန္ဒပန်း	san dapan:
violeta (f)	ဝိုင်းအိုးလက်	bain: ou le'
trinitaria (f)	ပေါင်ဒါပန်း	paun da ban:
nomeolvides (f)	ခင်မမေ့ပန်း	khin ma. mei. pan:
margarita (f)	ဒေစီပန်း	dei zi bin
amapola (f)	ဘိန်းပင်	bin: bin
cáñamo (m)	ဆေးခြောက်ပင်	hsei: chau' pin
menta (f)	ပူစီနံ	pu zi nan
muguete (m)	နှင်းပန်းတစ်မျိုး	hnin: ban: di' mjou:
campanilla (f) de las nieves	နှင်းခေါင်းလောင်းပန်း	hnin: gaun: laun: ban:
ortiga (f)	ဖက်ယားပင်	hpe' ja: bin
acedera (f)	မှော်ရှည်ပင်	hmjo gji bin
nenúfar (m)	ကြာ	kja
helecho (m)	ဖန်းပင်	hpan: bin
liquen (m)	သစ်ကပ်မှော်	thi' ka' hmo
invernadero (m) tropical	ဖန်လုံအိမ်	hpan ain
césped (m)	မြက်ခင်း	mje' khin:
macizo (m) de flores	ပန်းစိုက်ခင်း	pan: zai' khan:
planta (f)	အပင်	apin
hierba (f)	မြက်	mje'
hoja (f) de hierba	ရွက်ရှင်း	jwe' chun:

hoja (f)	အရွက်	ajwa'
pétalo (m)	ပွင့်ချပ်	pwin: gja'
tallo (m)	ပင်စည်	pin ze
tubérculo (m)	ဥမြစ်	u. mi'
retoño (m)	အစို့အညွှန့်ဘက်	asou./a hnjau'
espina (f)	ဆူး	hsu:
florecer (vi)	ပွင့်သည်	pwin: de
marchitarse (vr)	ညှိုးနွမ်းသည်	hnjou: nun: de
olor (m)	အနံ့	anan.
cortar (vt)	ရိတ်သည်	jei' te
coger (una flor)	ခူးသည်	khu: de

98. Los cereales, los granos

grano (m)	နံစားပင်တို့၏ အစေ့အဆံ	hnan za: bin dou. i. asei. ahsan
cereales (m pl) (plantas)	ကောက်ပဲသီးနှံ	kau' pe: dhi: nan
espiga (f)	အနံ့	ahnan
trigo (m)	ဂျုံ	gja. mei: ka:
centeno (m)	ဂျုံရိုင်း	gjoun jain:
avena (f)	မြင်းစားဂျုံ	mjin: za: gjoun
mijo (m)	ကောက်ပဲသီးနှံပင်	kau' pe: dhi: nan bin
cebada (f)	မုယောစပါး	mu. jo za. ba:
maíz (m)	ပြောင်းဖူး	pjaun: bu:
arroz (m)	ဆန်စပါး	hsan zaba
alforfón (m)	ပန်းဂျုံ	pan: gjun
guisante (m)	ပဲစေ့	pe: zei.
fréjol (m)	ပိလံစားပဲ	bou za: be:
soya (f)	ပဲပုပ်ပဲ	pe: bou' pe
lenteja (f)	ပဲနီကလေး	pe: ni ga. lei:
habas (f pl)	ပဲအမျိုးမျိုး	pe: amjou: mjou:

LOS PAÍSES

99. Los países. Unidad 1

Afganistán (m)	အာဖဂန်နစ္စတန်	apha. gan na' tan
Albania (f)	အယ်လ်ဘေးနီးယား	e l bei: ni: ja:
Alemania (f)	ဂျာမန်	gja man
Arabia (f) Saudita	ဆော်ဒီအာရေ့ဗီးယား	hso: di a jei. bi: ja:
Argentina (f)	အာဂျင်တီးနား	agin ti: na:
Armenia (f)	အာမေးနီးယား	a me: ni: ja:
Australia (f)	သြစတြေးလျ	thja za djei: lja
Austria (f)	သြစတြီးယား	o. sa. tji: ja:
Azerbaiyán (m)	အာဇာဘိုင်ဂျန်း	a za bain gjin:
Bangladesh (m)	ဘင်္ဂလားဒေ့ရှ်	bang la: dei. sh
Bélgica (f)	ဘယ်လ်ဂျီယံ	be l gji jan
Bielorrusia (f)	ဘီလာရုစ်	bi la ju'
Bolivia (f)	ဘိုလစ်ဗီးယား	bou la' bi: ja:
Bosnia y Herzegovina	ဘော့စ်နီးယားနှင့်ဟာဇီဂိုဗီနာ	bo'. ni: ja: hnin. ha zi gou bi na
Brasil (m)	ဘရာဇီလ်	ba. ra zi'l
Bulgaria (f)	ဘူလ်ဂေးရီးယား	bou gei: ji: ja
Camboya (f)	ကမ္ဘောဒီးယား	ga khan ba di: ja:
Canadá (f)	ကနေဒါနိုင်ငံ	ka. nei da nain gan
Chequia (f)	ချက်	che'
Chile (m)	ချီလီ	chi li
China (f)	တရုတ်	tajou'
Chipre (m)	ဆူးပရက်စ်	hsu: pa. je' s te.
Colombia (f)	ကိုလမ်းဘီးယား	kou lan: bi: ja:
Corea (f) del Norte	မြောက်ကိုရီးယား	mjau' kou ji: ja:
Corea (f) del Sur	တောင်ကိုရီးယား	taun kou ri: ja:
Croacia (f)	ခရိုအေးရှား	kha. jou ei: sha:
Cuba (f)	ကျူးဘား	kju: ba:
Dinamarca (f)	ဒိန်းမတ်	dein: ma'
Ecuador (m)	အီကွေဒေါ	i kwei: do:
Egipto (m)	အီဂျစ်	igji'
Emiratos (m pl) Árabes Unidos	အာရပ်နိုင်ငံများ	a ra' nain ngan mja:
Escocia (f)	စကော့တလန်	sa. ko: talan
Eslovaquia (f)	ဆလိုဗာကီယာ	hsa. lou ba ki ja
Eslovenia	ဆလိုဗီနီးယား	hsa. lou bi ni: ja:
España (f)	စပိန်	sapein
Estados Unidos de América (m pl)	အမေရိကန် ပြည်ထောင်စု	amei ji kan pji htaun zu
Estonia (f)	အက်စ်တိုးနီးယား	e's to' ni: ja:
Finlandia (f)	ဖင်လန်	hpin lan
Francia (f)	ပြင်သစ်	pjin dhi'

100. Los países. Unidad 2

Georgia (f)	ဂျော်ဂျီယာ	gjo gji ja
Ghana (f)	ဂါနာ	ga na
Gran Bretaña (f)	အင်္ဂလန်	angga, lan
Grecia (f)	ဂရိ	ga. ri.
Haití (m)	ဟိုင်တီ	hain ti
Hungría (f)	ဟန်ဂေရိ	han gei ji
India (f)	အိန္ဒိယ	indi. ja
Indonesia (f)	အင်ဒိုနီးရှား	in do ni: sha:
Inglaterra (f)	အင်္ဂလန်	angga. lan
Irak (m)	အီရတ်	ira'
Irán (m)	အီရန်	iran
Irlanda (f)	အိုင်ယာလန်	ain ja lan
Islandia (f)	အိုက်စလန်း	ai' sa lan:
Islas (f pl) Bahamas	ဘာဟားမတ်	ba ha me'
Israel (m)	အစ္စရေး	a' sa. jei:
Italia (f)	အီတလီ	ita. li
Jamaica (f)	ဂျမေးကား	g'me:kaa:
Japón (m)	ဂျပန်	gja pan
Jordania (f)	ဂျော်ဒန်	gjo dan
Kazajstán (m)	ကာဇက်စတန်	ka ze' satan
Kenia (f)	ကင်ညာ	kin nja
Kirguizistán (m)	ကင်ရ်ဂိုက်စတန်	ki' ji ki' za. tan
Kuwait (m)	ကူဝိတ်	ku wi'
Laos (m)	လာအို	la ou
Letonia (f)	လတ်ဗီယန်	la' bi jan
Líbano (m)	လက်ဘနွန်	le' ba. nun
Libia (f)	လီဗိယာ	li bi ja
Liechtenstein (m)	ဘာဒီတန်လူမျိုး	ba di gan dhu mjo:
Lituania (f)	လစ်သူနီယယ်	li' thu ni jan
Luxemburgo (m)	လူဇင်ဘောဟ	lju hsan bo.
Macedonia	မက်ဆီဒိုးနီးယား	me' hsi: dou: ni: ja:
Madagascar (m)	မာဒဂါကာစကာ	ma de' ka za ga
Malasia (f)	မလေးရှား	ma. lei: sha:
Malta (f)	မာတာ	ma ta
Marruecos (m)	မော်ရိုကို	mo jou gou
Méjico (m)	မက္ကစီကိုနိုင်ငံ	me' ka. hsi kou nain ngan
Moldavia (f)	မိုဒိုဗရာ	mou dou ja
Mónaco (m)	မိုနာကို	mou na kou
Mongolia (f)	မွန်ဂိုလီးယား	mun gou li: ja:
Montenegro (m)	မွန်တနီဂရို	mun dan ni ga. jou
Myanmar (m)	မြန်မာ	mjan ma

101. Los países. Unidad 3

Namibia (f)	နမ်မီးဘီးယား	nami: bi: ja:
Nepal (m)	နီပေါ	ni po:

Noruega (f)	နော်ဝေး	no wei:
Nueva Zelanda (f)	နယူးဇီလန်	na. ju: zi lan
Países Bajos (m pl)	နယ်သာလန်	ne dha lan
Pakistán (m)	ပါကစ္စတန်	pa ki' sa. tan
Palestina (f)	ပါလက်စတိုင်း	pa le' sa tain:
Panamá (f)	ပနားမား	pa. na: ma:
Paraguay (m)	ပါရာဂွေး	pa ja gwei:
Perú (m)	ပီရူး	pi ju:
Polinesia (f) Francesa	ပြင်သစ် ပေါ်လီးနီးရှား	pjin dhi' po li: ni: sha:
Polonia (f)	ပိုလန်	pou lan
Portugal (m)	ပေါ်တူဂီ	po tu gi
República (f) Dominicana	ဒိုမီနီကန်	dou mi ni kan
República (f) Sudafricana	တောင်အာဖရိက	taun a hpa. ji. ka.
Rumania (f)	ရူမေးနီးယား	ru mei: ni: ja:
Rusia (f)	ရုရှား	ru. sha:
Senegal (m)	ဆယ်နီဂေါ်	hse ni go
Serbia (f)	ဆယ်ဗီယံ	hse bi jan.
Siria (f)	ဆီးရီးယား	hsi: ji: ja:
Suecia (f)	ဆွီဒင်	hswi din
Suiza (f)	ဆွစ်ဇာလန်	hswa' za lan
Surinam (m)	ဆူရိနိမ်း	hsu. ji nei:
Tayikistán (m)	တာဂျစ်ကစ္စတန်	ta gji' ki' sa. tan
Tailandia (f)	ထိုင်း	htain:
Taiwán (m)	ထိုင်ဝမ်	htain wan
Tanzania (f)	တန်ဇားနီးယား	tan za: ni: ja:
Tasmania (f)	တာစ်မေးနီးယား	ta. s mei: ni: ja:
Túnez (m)	တူနစ်ရှား	tu ni' sha:
Turkmenistán (m)	တာ့မင်နစ္စတန်	ta' min ni' sa. tan
Turquía (f)	တူရကီ	tu ra. ki
Ucrania (f)	ယူကရိန်း	ju ka. jein:
Uruguay (m)	အရူဂွေး	ou. ju gwei:
Uzbekistán (m)	ဥဇဘက်ကစ္စတန်	u. za. be' ki' sa. tan
Vaticano (m)	ဗာတီကန်	ba di gan
Venezuela (f)	ဗယ်နီဇွဲလား	be ni zwe: la:
Vietnam (m)	ဗီယက်နမ်	bi je' nan
Zanzíbar (m)	ဇန်ဇီဘာ	zan zi ba

www.ingramcontent.com/pod-product-compliance
Lightning Source LLC
Chambersburg PA
CBHW070825050426
42452CB00011B/2179